給与クライシス

平康慶浩

日経プレミアシリーズ

はじめに　人事のプロは、知っている。

この本は日本独特の給与の仕組みと働き方について、歴史的背景によって成立したメカニズムとして整理したうえで、すでに始まっている新しい仕組みに対応するための行動を示すものだ。

コロナショックをきっかけとして、社会は大きく変わろうとしている。中でもビジネスの変化は加速している。

ただ、それは本当にコロナショックによってのみ起きている変化なのだろうか。

テレワークが一気に拡大したが、そもそも2010年代前半から日本ではテレワーク普及のための啓もう活動が進んでいた。総務省によるテレワーク先駆者百選が発表されはじめたのが2014年だ。

働き方改革についても、2012年の第二次安倍内閣発足時点からの重要施策として推し進められてきていた。サービス残業の規制や過度の残業の禁止によるワーク・ライフ・バランスの推進や、雇用形態によらない同一労働同一賃金の法制化なども進んでいた。

ただ、テレワークにしても、働き方改革にしても、その進みは決して早くはなかった。

たとえばテレワークについては、否定的な意見が多かった。テレワーク、あるいは単純に在宅で勤務するリモートワークについて、生産性の面やコミュニケーションの面で否定されてきた。リモートワークに先駆的に取り組んできたはずのアメリカIBMが、2017年にリモートワークを解消した際には、やはりリモートワークは無理なんだ、という風潮も広まった。


働き方改革についても、決して順風ではなかった。一般社員に残業させられないのなら、管理職が引き受けるしかなかったし、有給休暇の取得率も微増にすぎなかった。かろうじて女性の職場復帰率は多少上がったが、男性の育児休業取得はほぼ進まなかった。

派遣社員や契約社員と正社員との処遇を合わせていこうとする同一労働同一賃金についても、均等待遇（同じ待遇にすることを優先）ではなく均衡待遇（違う仕事であることを踏まえて待遇差を合理化）の方向で制度の整備が進んでいた。

本編で述べる「同じ時間、同じ場所で男性中心の正社員が会社都合に合わせて働く状況」は、変えなければいけないと思われつつも、変わっていなかった。

コロナショックは、そんなタイミングで発生した。

人が密集しやすい公共交通機関を利用した通勤ができないので、在宅勤務が当たり前になり、リモートでのテレワークが一気に広まった。テレワークの代名詞にもなっているＺｏｏｍ社の株価は２０２０年1月から10月にかけておよそ7倍以上にもなったくらいだ。

通勤よりもコロナにり患すること、あるいはり患者を多数出してしまいクラスター化することを恐れたことで、リモートワークやテレワークのデメリットであるコミュニケーションや生産性の問題については、むしろ前向きに改善する検討がされていった。職種によってはテレワークの方が生産性が高まる場合もあったことが気づきにもなった。

しかしその一方で、正社員の雇用を守るために、多くの契約社員や派遣社員は一気に契約を打ち切られた。非正規雇用者の待遇改善を目的として大企業向けに先行して同一労働同一賃金の法律が適用されたのと、実際に非正規雇用者の契約解除が多発した時期がほぼ重なっていたことは皮肉でもあった。

コロナショックには、変化を後押しした側面もあり、変化を止めてしまった側面もある。

しかし、この先に待っている、ほぼ確定した事実は私たちに次の変化を要求することがわかっている。財務やマーケティングと違い、企業における人事の世界には「ほぼ確定した事実」があるのだ。単に多くの人たちがそこから目を背けるだけで、事実は決して覆らない。

一つ目の事実は、まず当面の残業代と賞与が激減するということだ。詳細は本文を読んでほしいが、私たちが理解しておかなくてはならないのは、業績変動のためのバッファとして残業代と賞与が使われているという事実だ。それは日本では当たり前かもしれないが、世界ではそうではない、ということとともに覚えておこう。

二つ目の事実は、2021年の昇給がかなり低く抑えられるということだ。それも当たり前に思うかもしれないが、ぜひ疑問を持ってほしい。毎年昇給することは、果たして当たり前なのだろうか。日本社会全体で、年齢を横軸に、給与を縦軸に置いたグラフを作成すると、50歳くらいまで右肩上がりになる散布図ができあがる。しかしそのようなグラフができるのは日本だけだ。たしかにどの国でも、20代から30代くらいまでであれば右肩上がりの散布図ができる。しかしそれ以降は年齢と給与額は相関せず、フラットな状態だ。今回はたまたまコロナによる景気悪化で昇給が少なくなるが、これからはそもそも誰もが毎年昇給する訳ではなくなるかもしれない。

さてこれらの事実をふまえつつ、そこにテレワークの進展による働き方の変化、同一労働同一賃金の中小企業への展開などが重なってくるとどうなるか。

この本では、企業が残業代や賞与で人件費を調整したり、毎年昇給させたりしている仕組みの根底に、終身雇用と年功序列があると結論づけている。それは男性中心の正社員制度を構成する要素でもあり、生活給の仕組みが根底にある。さらに女性を中心とした非正規雇用が業績変動のバッファとなっており、男性中心のビジネス社会を維持するインフラにもなっていることを示す。

そのような仕組みがもうもたない、ということに気づきつつも、変えることができなかった状況がコロナショックで変わるきっかけを得た。

一方でそんな状況でも成長している業界としてＩＴ系があり、ＩＴ化をビジネスに取り込むＤＸ（デジタルトランスフォーメーション）を進める業界がある。また、育児や介護などのライフイベントによる影響を極小化する働き方を進めるダイバーシティ＆インクルージョン対応の会社もある。それらの業界や会社がこれからの社会を先導し、成長を生み出すことが予測されている。これまでの男性中心のモノづくり主体だった日本の産業が、多様な働き方とデジタル化によって大きく変わろうとしている。

そうなると過去の当たり前だった給与と働き方、キャリアの仕組みは大きく変わっていかなければいけない。

私は人事コンサルティングファームの経営者として、現役の人事コンサルタントとして、実際に多くの先進企業や伝統的企業で、今リアルタイムで人事変革を進めている。同時に、あるべき経営や人事の姿について経営大学院で教鞭もとっている。それらの立場で、私たちがどのような行動をとらなければいけないかを示す。

ぜひ、皆さん一人一人ができることから始めてみてほしい。

平康　慶浩

目次

第2部 働き方のニューノーマル

脱メンバーシップ時代の働き方・キャリア・給与

脱メンバーシップ時代の職業選択

第3部 生き方の当たり前を見直す

脱メンバーシップ時代の学びなおし

人材多様化に対応するスキル――「男性で正社員」以外の人すべてに対して
学校を卒業して働く、ということは当たり前なのか

脱メンバーシップ時代のコミュニティとネットワーク 183

強制型から選択型に変わるコミュニティ
会社というコミュニティがバーチャル化する時
コミュニティの機能が変わりつつある
紙の書類とハンコをやめるより、経営者が先にすべきこと
変化のときに従順なだけではいけない
反対意見を示すときにも、自分自身の意見には軸を持つべき
ゆるいつながりだからこそ価値がある側面も
新しいつながりの場が増えている
人脈が豊富で忙しそうなのに、何もなしとげない人の謎
新規顧客・新規ソリューション・新規ビジネスのどれかを作る
コミュニティを動かす側の人の「孤独」を知るということ

第1部

クライシスがやってきた

旧い給与の仕組みではもうもたない

コロナショックによる給与への影響

コロナショックが企業に与えた影響は、極めて大きい。ここではまず、給与に与えた影響を具体的に見てみよう。

厚生労働省が示している「毎月勤労統計調査」というデータがある。そこでは給与について、所定内給与と所定外給与とを区分して数字の変遷を示している。

所定内給与とは一般的には基本給と呼ばれるもので、年度途中に大きく変動することはない。通常は、年度初めに改定されることが多いからだ。

一方、所定外給与とは残業代や深夜勤務手当、休日出勤手当を示すもので、時期によって変動する。コロナショックが広まり、日本で緊急事態宣言が発令された結果、この所定外給与が大きく減少したのだ。２０２０年４月の対前年比[1]で12・８％減少し、５月には26・２％

減少している。これらは平均値としての数字なので、一律で減少しているとは考えづらい。一部の人たちはこれ以上の変動を受けている、ということが予想される。

特に業界ごとの影響は顕著で、生活関連サービス業や飲食サービス業では、所定外給与の減少率が50％を超えている。製造業でも35％ほどの減少幅だ。また3月から4月にかけて繁忙を極める教育・学習支援業界で、こちらも30％近い減少幅になっている。

賞与については一部企業に限定したデータ[2]となるが、平均して2％超の減額となっている。特に減額が大きいのは鉄鋼で24・8％のマイナス。次いで機械金属が11・21％のマイナスだ。冬季賞与はさらに大きな減額になる可能性も高い。

さらに、2021年の昇給率が引き下げられる可能性が高い。近年2％前後で推移していた平均昇給率は、2021年度においてはさらに低くなるだろう。毎年の平均昇給率は、最低賃金引き上げ率と比較的近しく推移してきた。その最低賃金引き上げ率は、2013年以

1　厚生労働省「毎月勤労統計調査」
2　経団連「2020年夏季賞与・一時金　大手企業業種別妥結結果」

降は加重平均相当で2%以上引き上げられてきたが、2020年度は901円から902円への引き上げにとどまり、上昇率はおよそ0・1%だった。おそらく2021年4月の平均昇給率は、この数字を参考として実施されるだろう。

あわせて2021年の昇格判断にも影響が出ると予想される。一般的な人事制度では、昇格時に多額の昇給を実施する。これを昇格昇給というが、昇格した従業員のモチベーションを高めることが狙いだ。しかし、業績が停滞する状況では昇格判断も難しくなる可能性が高い。

普通に働いていたのでは、翌年給与が増える見込みは決して高くはない。

研修の変化にリストラ……給与以外の人事への影響

コロナ禍で経営を悪化させている企業は、採用も縮少している。統計データはタイムリーに出てこないものの、業績が悪化する可能性が高い中で、2020年同様の採用を進めるのはよほど成長力に自信がある企業だけだろう。

採用にかかるプロセスがリモート化している影響も大きい。性格診断などのテストや面接時の受け答えについて、対面するよりもわかりづらいという声も数多く聞こえてくる。

それでも、専門性や経験などの確認が重要視される中途採用はまだましだろう。金融系やIT系などから求人倍率は回復しており、採用する人材の質的転換が加速していく傾向にある。

地頭とコミュニケーション力を重要視し、社風に合致しているかどうかを確認していく新卒採用は、企業側がリモート対応を進めようとしているのに対し、反対に学生側が対面を求める傾向にある。初めての就職になることから、企業の社風などを見極めたいという欲求が高まっているからだ。

コロナショックが一番大きなマイナスの影響を与えているのが、教育研修の領域だ。

特に配属前の教育については、これまでは対面だったり現場での教育が当たり前だったりした。しかしそれができない状況で、どのような教育をすればよいのか戸惑いながらの試行錯誤が続いている。そのため、新卒採用後の教育期間を大幅に短縮し、早々に各部署に配属してしまった企業も多い。テレワーク形式での集合研修は、リアルに集まるよりもむしろ効率が高いという評判もあるが、人間関係構築が難しいという弱点がある。そのため、新卒、中途を問わず、採用時に研修名目で構築できていた関係性を、別途の取り組みで補完する必要性が高まっている。

そして、水面下でリストラが進んでいる。なぜ水面下なのか、というと、補助金の存在が大きく影響しているからだ。通常の助成金は過去一定期間に解雇していないことを支給条件に含めていることが多い。そのため、助成金を受け取れる間は退職者を募集しないが、それらの予算が尽きたあたりから、表立ってリストラを進める企業が増えてくるだろう。

非正規雇用者・女性・高齢者への悪影響

非正規雇用者への影響が甚大だ。企業にとって雇用そのものが調整弁となっているパート、アルバイト、派遣社員、契約社員の2020年の前年8月同月比較での減少数は実に107万人にのぼる。[3] その内訳は男性27万人、女性が80万人だ。

また、その大半が高齢者だと想定される嘱託社員も同比較で14万人が減少している。

これらを合計するとおよそ120万人の雇用減が生じているが、これは非正規雇用者2070万人中の5・8%にものぼる割合だ。およそ20人に1人が職を失っている計算となる。

仮に雇用が継続されている場合でも、休業などに伴う補償がなされた割合は18％ほどで、生活に困窮する人も増加しつつある。

パート労働者については、解雇はしないものの勤務時間を縮小することで対応している例も多い。飲食サービス業や生活関連サービス業、教育・学習支援業ではその傾向が顕著にでているが、7月になって揺り戻すように増加している場合もある。

バブル崩壊やリーマンショックとどこが違うか

これまでもバブル崩壊やリーマンショックなど、多くの業種や職種を巻き込んだ危機はあった。しかしコロナショックはそれらの危機とは本質的に異なる面がある。

それは、働き方そのものを変えてしまっている点だ。それはこれまで多くの先進的な変革者が提唱し、試みてきたけれども実現できなかった変化でもある。

3　総務省統計局「労働力調査」

第一の変化は、働く場所についてのものだ。私たちは、当たり前のように「同じ場所」で働いてきた。生産性についての検討が進み、職務によってはテレワークでも問題ない、という分析があってなお、同じ場所で働くことは当然のように考えられていた。

しかし、コロナ禍によって「それぞれの場所」で働くことが選択肢にのぼるようになった。もちろん、業種や職種によって同じ場所で働かなければいけない場合はある。例えば建設業や流通業などは、建築物や流通させる商品と同じ場所にいなくてはならないだろう。けれどもそのような制限のない職種であれば、働く場所はそれぞれが自分で決めても問題ない、ということがわかってしまった。

かつて政府や先進的な識者から、リモートワークやテレワーク、その発展形としてのワーケーションなどが提唱されたが、それらはメリットもあるがデメリットもある、という理解をされてきた。そのため、積極的に採用しようとする企業はごく限られていた。

しかしコロナによる不可逆な変化は、それぞれの場所で働くことを前提として、メリットを確保するためにどのようにデメリットを減らすべきか、という視点を皆に与えることになった。企業によってはテレワークを前提として、オフィスを縮小する動きすらある。またたとえば先ほどあげた建設業や流通業にしても、将来的にＡＲ（拡張現実）技術が発達して必須でなくなるかもしれない可能性も検討できるようになるだろう。デメリットがあるからやらない、のではなく、メリットのためにデメリットを克服しようとするように変化しつつあるのだから。

第二の変化は、働く時間についてのものだ。仮にテレワークによってそれぞれの場所に働くことが許容されたとしても、働く時間は同じでなければいけない、と思われていた。その方がコミュニケーションの効率も高いし、何より一体感も醸成してくれ、つながっている実感も与えてくれたからだ。

けれども、こちらもやはり「それぞれの時間」でいいんじゃないか？という疑問を提唱できるようになった。つまり仕事そのものを非同期処理に変えてしまえるのではないか、という疑問だ。

場所に比べて、時間の問題は簡単ではない。仕事におけるコミュニケーションがゼロになることはないので、タイムリーに話し合うことが必要な場面は必ずあるからだ。けれども、すべてにおいてではない、ということがはっきりするようになった。

たとえば作業工程が明確に分かれている場合であれば、引き継ぎをしっかりしておけば、同じ時間帯に働く必要はなくなる。また、締め切りまで日数がある場合には、その作業を昼にしようが夜にしようが変わりはない。結果としてできていればよいのだから。

ただし繰り返しになるが、場所と異なり働く時間の同期性は排除できない。コミュニケーション手段が電話から電子メールになった際に、コミュニケーションが非同期になる流れが見えた。しかしその後チャットツールが広がり、コミュニケーションの同期性、非同期性について、選択可能にするという方向で発展していったように。

だから「同じ時間」に働く必要性もあるが、「それぞれの時間」で働く選択肢も選べるようになった、ということが時間についての変化だ。

給与は場所と時間に対して払われなくなる

これらの変化は、働き方の変化として理解されているだろう。

けれども人事の観点から見ると、その先にはより本質的な変化が待っていることがわかる。それは、給与を支払う根拠が変わるということだ。私たちの多くはごく自然に、働いた時間に対して給与を受け取ると理解している。だから残業をすると残業代を受け取るし、休日に出勤するとその分の手当を受け取る、このことを当然だと考えている。

けれども細かい話をすれば、通勤時間はどうだろう。仮に9～18時を定時に定めている会社があったとする。そこに通勤する2人の従業員がいて、1人は通勤時間10分。1人は通勤時間2時間だとしよう。このとき、通勤にかかる交通費負担を会社はするわけだが、通勤時間についての給与は支払わない。住居は自分で選べるのだから、通勤時間を減らしたければ、会社のそばに引っ越せばいいという理屈だ。

しかし、この通勤時間の使い道はごく限られている。せいぜい読書をしたり音楽を聴いたりゲームをしたりするなど、狭い占有空間で立ちながらできることだけだ。だから使い道は自由だが、実質的に会社に拘束されている時間、としてとらえることもできるので、給与的にはグレーな位置づけの時間だといえる。

今起きている不可逆の変化においては、このグレーな位置づけの通勤時間に対する疑問を生じさせることになった。緊急事態宣言の中でテレワークを進めていた多くの人たちが、いざ以前と同様に出勤した際に感じる違和感だ。

あるいは出張もそうだ。遠隔地のお客様ともリモートで打ち合わせせざるを得なかった状態から、あらためて出張して対面で打ち合わせすることに戻った際に、本当に対面する必要があるのだろうか、という疑問を生じさせることになった。

以前なら当たり前だった同じ場所、同じ時間に働くという常識が薄れた結果、さて給与は何に対して支払われるべきだろうか、ということを経営層や人事部門は考えている。その答えの一つが最近よく見られるようになった「職務（ジョブ）型」の人事の仕組みだが、この本ではあえて職務（ジョブ）型ではなく、「脱メンバーシップ型」と定義する。なぜならメンバーシップを卒業したからといって、すべての企業がいわゆる職務（ジョブ）型が示す世界標準の仕組みに変わるとは思えないからだ。だから結論を出す前に、そもそも日本で雇用や給与の仕組みがどのように成立してきたのかを考えてみよう。

これまでの給与・これからの給与

給与の意味が変わってゆく

そもそも、給与が時間に対して支払われるようになったのは決して古い話ではない。封建主義以前の時代においては、通貨による労働対価の支払いという概念は一般的ではなかった。18世紀から始まる資本主義の発展に伴い、工場労働者に対する労働対価として給与という仕組みが広まったと考えられる。

ただしそこでは時間給というよりは日給や週給、月給といった単位で給与が支払われていた。またほどなく生産性の概念から、出来高払いという仕組みも登場した。

戦時中から戦後にかけての日本の給与については、複数の研究者がそれぞれの思いを述べており、一様に判断することが難しい。ただ、少なくとも、戦時中の賃金統制令をもとにした生活給概念をベースに、歴史的な変遷を経て、年功に基づき昇給する、能力主義的な給与体系を完成させたということはいえるだろう。

またその際に、世界的に一般的ともいえる外部労働市場に基づく「職務（ジョブ）」概念ではなく、あくまでも特定企業内での人材活用を前提とした内部労働市場に基づく制度構築が進んでいったことがわかる。

当時の資料を調べていくと、戦時中の賃金統制令に基づく全体主義思想を維持しようと努めていた労働省官僚たちの取り組みが見えてくる。ＧＨＱが戦時中の賃金統制令に基づく生活給的な給与制度を差別的だとして、女性に対する差別の廃止や、生活給ではなく外部労働市場に基づく職務（ジョブ）型の仕組みにすることを命じたことに対して、徹底して反論し、根気強い交渉を行うことで、戦前には当たり前だった男性優位かつ男性を中心とした家制度的な概念に基づく給与の仕組みを維持しようとしていたように見える。

現在の常識では否定的に書かざるを得ないが、１９４７年に新民法が施行されるまで、明治民法において家制度が定められ男性が戸主権を持っていたのが当時の日本だ。そのような常識で育ってきた人々に、いきなりアメリカ式の民主主義的発想を導入すべしと迫ったところで理解はできなかっただろう。

時間給という考え方はいつ生まれたか

日本において時間給概念が明確に発生したのは、新民法施行と同年となる1947年に施行された労働基準法制定によると思われる。それまでも女性や子どもに限定して一日の労働時間に上限を定めていたが、それも12時間という長時間のものだった。そして、男性については労働時間の定めはなかった。

しかし労働基準法により、1日あたり8時間、週あたり48時間の上限が定められるようになった。このときにあわせて25%の割増給与についても明確に記され、現在に至る。諸説はあるだろうが、「働く時間が増えれば給与が増える」と法律に記されたのはこのタイミングだ。

時間給概念とあわせて、1950年代に賃金センサスが実施されるようになる。現在は賃金構造基本統計調査と改称されているこの統計は、賃金についての大規模調査だ。企業規模や業種に応じた給与統計を集めることは、国家としての労働問題解決に必須だった。その統計処理の一環として、1950年代半ばには賃金労働時間調査が始まる。

この頃の労働省官僚の記録を読む限り、外部労働市場を軸とした世界標準の制度を導入すべしとしたGHQへの反発が強かったことがわかる。また、戦時中の賃金統制令による生活給的な給与制度を肯定する意見も多く見られる。つまり、戦後になってなお「欲しがりません勝つまでは」というスローガンが引き継がれているようにも見える。ただしこの場合の勝つまでは、とは、経済が復興し世の中が豊かになるまでは、ということだが。

ともあれ、時間給概念と生活給概念が広がる中、働く一人一人は、長時間労働が生活を豊かにするという理解を進めていったと考えられる。

おりしも1954〜57年にかけての神武景気、58〜61年にかけての岩戸景気が続き、ホワイトカラー労働者の割合が増加してゆく。それまで労働時間あたりの働き方を意識していたのは主にブルーカラー労働者だったが、本来時間あたり賃金が適さないと思われるホワイトカラー労働者に対しても時間給&生活給の概念が浸透していった。

三種の神器といわれる冷蔵庫、洗濯機、白黒テレビが普及する中、1960年には池田内閣による国民所得倍増計画が示される。その後1970年に至る高度成長期は、年率10%の経済成長を実現し、人々の所得水準も大幅に引き上げたのだ。つまり十分に「経済が復興し世の中が豊かになる」状態が築かれたわけである。

男性中心・年功主義が能力主義を広めた？

けれども、生活給&時間給概念は覆らなかった。いや、人事制度的にはこの頃独立を果たした楠田丘による職能資格制度が広がり始めるので、必ずしも生活給ではない仕組みに切り替える土壌はあった。

しかし当時の社会情勢においては戦前教育を受けた人たちの影響が大きかった。たとえば１９６５年に40歳の働き盛りの人は、１９２５年生まれであり、１９４０～45年の際の年齢は15～20歳だ。多感な十代に受けた教育と、実社会に出た後の世の中のルールとが全く異なることに直面した人たちだ。そしてまだまだ三世帯居住が多かった時代でもあり、高齢の祖父母たちの影響も少なくはなかっただろう。

そのため①男性中心、②年功主義、ということが無意識に前提となっており、生活給からの脱却ができなかった可能性が高い。

それは、たとえばこういう理屈だ。

　男性が社会の中心だ。だから世帯主となり、妻と子どもを養うことが当然であり、男性の給与は家族を養えるだけの水準を支払わなくてはいけない。ただし男性が若いころには生活費が多くかかるわけではない。子女に高等教育を受けさせる際に費用がかかるのだから、その際に給与を十分に支払わなくてはいけない。それは男性が20代半ば、女性が20代前半で結婚したとするならば計算上40歳代であるから、それをベースに賃金を設計しよう。

　さて働く男性は「もちろん」経験によって成長する。だから成長した分だけ給与を増やすことと、生活費に合わせて給与を増やすことは強く相関している。だからこそ年功主義とは能力主義と矛盾しない。そのような運用を進めよう。

　なお、生活費が追加で必要になった際には、残業代を支払うことによって生活費を補おう。それは労働者の当然の権利なのだから。もちろんそうして家庭から男性は離れていくが、家庭を守るのは妻の仕事だから、それは当然のことだ。

　このような理屈について、労働者側の立場であるはずの労働運動家たちも、給与について労働の対価とだけ定義するのではなく、生活保障の側面を強く求めていたので、問題なく受け入れることができた。そうして官僚も、経営者も、労働組合も、労働者も、ほとんどの人たちが「生活給&時間給」のセットを当然とみなしてきたのである。

核家族化は、実は給与の仕組みに影響している

平均10％ほどの成長率で推移してきた１９７０年を超えると、日本は安定成長期に入る。平均して４％ほどの成長を続ける１９９０年までの20年ほどだ。１９７３年には通貨が変動相場制に変わり、円安に合わせて海外との貿易摩擦が高まる。結果としてプラザ合意により円高に転ずるが、円高不況対応としての金利引き下げにより地価の高騰などバブル経済化を招くことになる。

この時代は欧米諸国が日本の高度成長に学ぼうとした時代でもある。１９７９年のエズラ・ヴォーゲルによる『ジャパンアズナンバーワン』がベストセラーになるなど、日本人の意識や能力がもてはやされてきた。

そのため、給与の仕組みについては「生活給&時間給」が維持され続けた。

しかしその本質である、①男性中心、②年功主義については疑問が呈されるようになり、いくつもの改革が進んできた。

たとえば1972年に制定され、1986年に大幅に改定された法律として「雇用の分野における男女の均等な機会及び待遇の確保等に関する法律」がある。いわゆる男女雇用機会均等法だ。ちなみに、1972年の制定時には「勤労婦人福祉法」という名称だった。

その時点ではほぼ名目的だった法律の内容が、1986年には賃金格差を禁じることになった。余談だが、この法律が施行されたことで、それまで当然だった女性事務職を正式な職務（ジョブ）にすることになり、それが総合職・一般職の区分につながっている。要は法令に沿って女性は男性を補佐する役割である、と実質的に定めた結果が一般職だ。

同法はその後何段階かの改正を経て、現在では男性・女性を問わず適用される法律になっている。男性のみの採用を禁じているのと同様に、女性のみの採用も禁じており、昨今ではそもそも履歴書にすら性別欄がなくなりつつある。

年功主義については法改正などの形ではなく、「窓際族」という言葉で代表されるような、「働かない中高年」の存在により矛盾が呈されるようになった。70年代後半の新聞各紙で使用され始めたこの言葉は、年功により能力が高まる、という根本的な発想の矛盾として示されていた。しかし企業内の給与の仕組みを是正する動きにまでは至らなかった。

興味深いのはこの時期、家族のあり方が大きく変わりつつあったことだ。相変わらず標準世帯として男性が働き女性が家庭を守る、という形式は示されていたが、都市部を中心に共働き世帯が増えていった。統計上その数が拮抗するのは１９９０年代前半であり、明らかに逆転するのは１９９０年代後半だが、その理由として興味深い意見がある。[4] 男女雇用機会均等法や、その前提としての世界的な男女差別撤廃の動きはもちろんあったが、より強い影響を与えたのは「兄弟姉妹の数」だという意見だ。その根拠として、三世帯同居などのいわゆる大家族の数が２０００年に至るまで減少しておらず、その間、夫婦と子どもだけの世帯、夫婦だけの世帯、シングルマザー／ファザーと子どもの世帯の数が増えているという統計データがある。つまり長男など兄弟のうち一人は親と同居するが、それ以外の兄弟姉妹は独立し生計をたてるようになっているということだ。

4　落合恵美子『21世紀家族へ　家族の戦後体制の見かた・超えかた』１９９４年、有斐閣戦後数年間の合計特殊出生率は4を超え、1970年代前半にかけて2前後に落ち着いている。つまり1950年代には平均して4人兄弟姉妹がいて、彼らが30代前後で活躍するのは1970~1980年代ということだ。実家には1人残り、あとの3人は独立生計を立てるようになっているのがこの時代であり、東京などの都市部人口増加の理由にもなってきた。

このことは、生活費としての給与に極めて大きな影響を与えている。大家族で支え合うことができないので、男性1人の稼ぎで4人を養わなくてはいけないからだ。そのような事情も生活費的給与が維持され続けた一因でもあるだろう。

しかし1990年代にその状況が大きく変わる。

バブル崩壊とIT革命が転換をもたらした

劇的な転換は1990年代に二段階でやってきた。

第一段階は、地価下落によるバブル崩壊だ。

とはいえ多くの会社では、地価下落の影響を直ちに受けたわけではない。なぜなら当時の日本の会計基準は、取得原価をもとにしたものだったからだ。地価は下がったものの、会計帳簿上はそもそも購入時の価格しか反映されていない。そこで失われたのは、あくまでも非実現利益としての含み益だった。

バブル崩壊が与えた影響は、人間心理に対するものが圧倒的に大きかった。世の中はこれからもっともっとずっとずっと良くなっていく、という幻想が打ち砕かれたからだ。その結果、会社の給与の仕組みは大きく変化してゆく。成果主義というキーワードとともに、それまでの原則の一つだった「年功主義」が解消される方向になったのだ。その前兆は窓際族のようなキーワードにもあらわれていたことで、社内での合意も得やすかった。もちろん、当人たちを除いては、だが。

たしかに、年功が能力を高める場合は多い。熟練の技という言葉があるように、細かい気づきや工夫は熟練することによって発揮されやすくなる。

しかし、それらは変化がない場合に限ってのことだ。求められる能力が同一である前提が必要なのだ。おりしも1990年代前半には、技術分野での大きな変化があった。IT技術の発展だ。それまでもAppleⅡやNECのPCシリーズに代表されるパーソナルコンピューターは普及していたが、1995年に発表されたWindows95によって、業務に求められるスキルが劇的に変化した。それまでのホワイトカラー労働者の机の上には、固定式の電話とメモ帳、電卓（時にはそろばん）が置かれていた。それらを用いて行う業務に求められる技術は対面かつ口頭でのコミュニケーションスキルであり、筆記であり、計算だった。

しかしWindows95の登場以降は、対面かつ口頭でのコミュニケーションスタイルは変わらないものの、筆記ではなくタイピング、計算ではなく表計算ソフト活用に変わった。

それがまさに、第二段階の転換だった。

年功の価値が疑問視されるタイミングで新しい技術が登場したことにより、企業内での中高年層の価値が一気に低下したのがこのタイミングだったのだ。結果として、高齢層に対してはこれまでのような仕事の能力が高く貢献してくれた従業員、という評価がされなくなった。そして会社が求める人材とは、これから求められる仕事の能力に対応し貢献が期待される従業員、という観点で選別が行われるようになった。

短い期間で急激な選別を求めた企業ではリストラクチャリングという名目での指名解雇が進み、比較的長期間での変革を求める企業では、評価差をより大きく報酬に反映する成果主義型の人事制度を採用した。

2000年代の時価会計が後押しした変化

2000年代に入ると、時価主義が変化を促進していった。

求められる能力が変わりつつある中で、企業の収益性や安全性を示す尺度としての会計基準が、取得時価格ではなくタイムリーな時価によって計算する仕組みに変わっていった。バブル崩壊で含み損となっていた各種資産を時価会計で洗い出してしまうと、企業業績に大きな影響を与えてしまうことになる。それでも会社経営における情報の透明性を高めようとする国際的な流れに従うしかなかったのがこの時期だ。また、それまでは親会社・子会社間の利益付け替えを不動産取引などを通じて行うような場合もあったが、そういった恣意的な操作もできないようになっていく。

2005年には、会社法や証券取引法が改正される。会社法の改正では、最低資本金額が撤廃され、組織再編を容易にできるようになった。取締役のあり方も変わるなど、企業に対するガバナンスのあり方が大きく変わっていった。

証券取引法においては、当時耳目を集めた事件がいくつか発生したことから、敵対的買収に関する制度が厳密化し、翌年２００６年には法律そのものが金融商品取引法に名称変更される。

これらの変革は、企業経営における説明責任の向上を目指すものであり、経営情報の透明性を高めていくものだった。

給与の仕組みにおいては、２００4年に出版された『内側から見た富士通「成果主義」の崩壊』や『虚妄の成果主義　日本型年功制度復活のススメ』が評判を呼ぶなど、１９９０年代の改革に対する反省が高まっていった。

ある会社ではアメリカ型の職務（ジョブ）型の仕組みこそが公平かつ透明性が高い仕組みだともてはやし、ある会社では日本社会では能力主義に立ち戻るべきだと主張した。

しかし確実な変化が、１９８０年代以前の仕組みに戻ることを否定することになった。

転職の増加であり、企業の外部における労働市場の発展だ。

2人に1人が転職する時代の到来

転職者数は労働力調査に含まれるようになった1984年以降、ほぼ増加傾向にある。実際に働いている人の中の割合でいえば、2000年代に限定すると労働者のうちおよそ5・1%が毎年転職している。20人に1人という計算だ。なお、それ以前の1980年代でも統計上では毎年の転職者数は3%前後も存在する。転職者は、実はそれほど大きく増えていないようにも見える。

しかし統計データのもととなる個々の調査票を調べていくと、転職に関する現状がより詳しく見えてくる。総務省が実施している就業構造基本調査というものがある。これに対し、厚生労働省労働政策担当参事官室のメンバーが、調査票にまで立ち戻って整理した結果、年齢別の転職経験有無の割合が見えてきた。これは2012年のデータだが、およそ半数の人が転職経験を持っているという現実だ。もちろん、大企業に限定すると転職経験割合は極端に低くなる。私が直接ヒアリングした際には、転職経験者がほとんどいない場合すらあった。けれども中堅中小以下の企業では、転職はもはや当たり前になりつつある。

図１
はじめて就職してからの離職回数と現在の在職の有無

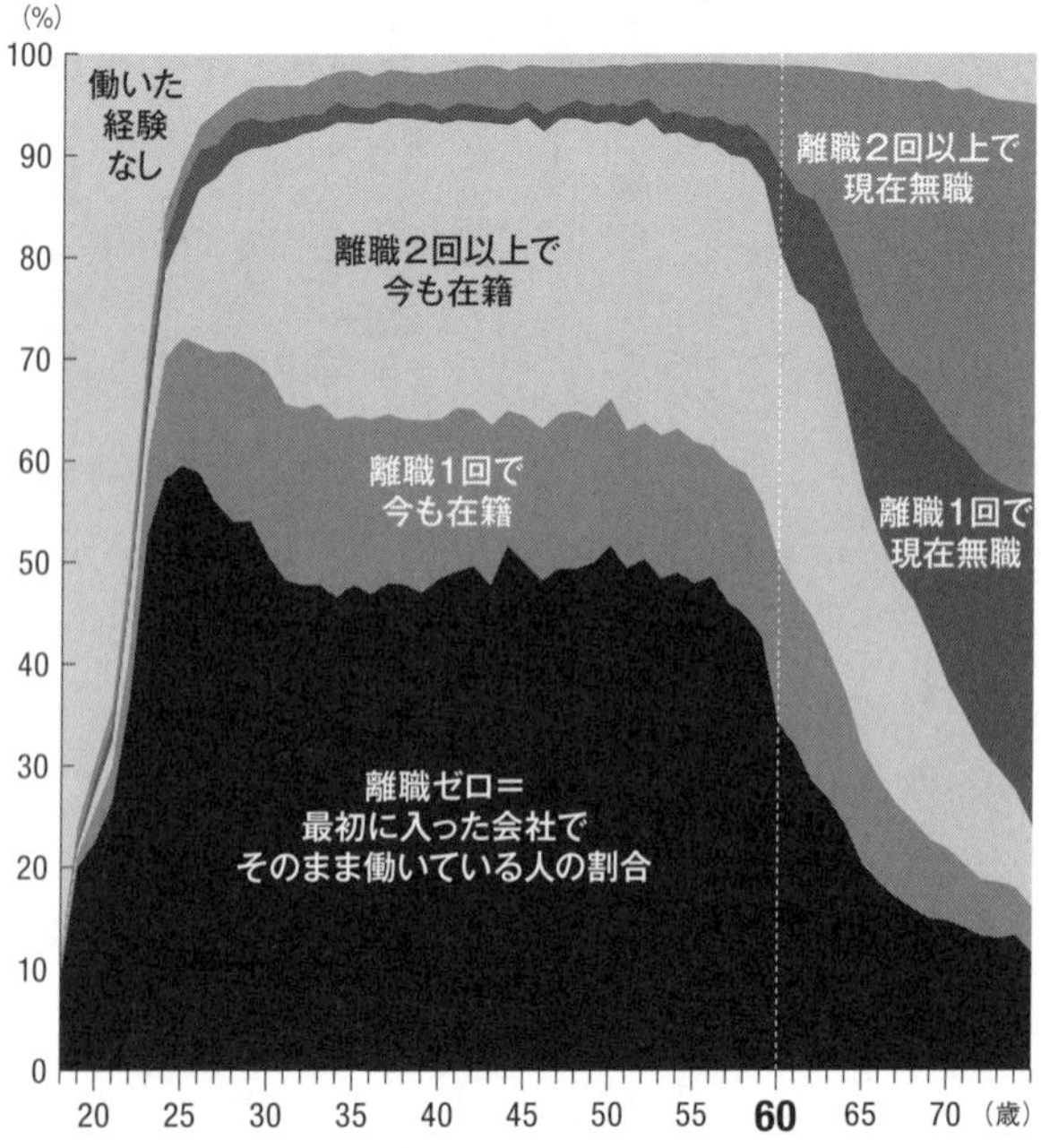

総務省統計局「平成24年就業構造基本調査」調査票情報をもとに
厚生労働省労働政策担当参事官室が独自修正し「平成26年版 労働経済の分析」
として公表したデータをセレクションアンドバリエーションが加工

転職者を年功や能力で測れない現実

そのような状態が、何を否定するのか。

実は、ここでもまた「年功主義」が否定されるようになったのだ。転職が増えているということは、中途入社が増えているということでもある。その結果、たとえば同じ40歳の従業員でも、新卒から18年間自社で経験を積んでいる人と、35歳で中途入社してきて5年しか経験を積んでいない人がいたりする。

いや、そんな場合でも、後者は他社で経験を積んでいるからそれも年功になるのでは、と思うかもしれない。けれども年功主義を前提とした能力主義の仕組みでは、後者の人をうまく評価できないのだ。

考えてみてほしい。

先ほどあげた前者の人は、自社で18年の経験がある。その際には仕事を覚えるだけでなく、社内の製品やサービスにも詳しくなっている。取引先や顧客とも関係性を持っているだろう。そしてもちろん、社内の人間関係も強くキープしている。

それに対して後者の人は、たとえば同業他社から転職してきていて、業界情報には詳しいかもしれない。けれども自社製品については一から学ばなくてはいけないし、そもそも誰にそれを聞けばよいかもわかっていない。取引先や顧客との関係もない。そして、社内に気軽に話せる人もいない。

つまり多くの日本企業では、自社内での経験を積むことを年功として定義し、能力として認めてきたのだ。だから転職が増えていく中で、1980年代のような能力主義的な給与の決め方を維持しようとしても、仕組みがうまく機能しなかった。

その典型は、公務員の人事制度にあらわれている。最近は是正している機関もあるが、多くの公務員人事制度は原則として年功主義かつ能力主義で給与を決める仕組みを採用してきた。その支払い方は、もちろん生活給＆時間給だ。そのような前提で中途採用者に対して、どのように給与を決定するのか。たとえば、中途採用時に提示する給与額がどう決められるのか。もちろん、民間企業のように社長の一存というわけにはいかない。また前職給与を担保する、という給与の決め方もしていない。基本的な計算式は、「自組織と同等の経験年数」に応じて給与を決定するのだ。そして興味深いことに、公務員組織以外での経験年数には

0・5〜0・8程度の係数をかけ合わせて、少なめに計算してしまう。

そのような計算方式で給与を決定して、果たして優秀な転職者を確保できるだろうか、と疑問に思うかもしれない。しかし公務員組織のメリットは、一度入ってしまえば年功主義と能力主義が適用されることにある。そして、原則解雇もない。だから最初の不遇さえ我慢できれば、あとは安定的生活を享受できるのだ。また最近は昇格判断もしっかり行われるので、転職による中途入社でも、新卒で入った人を超えることができるようになっている場合もある。

さて、公務員組織であれば安定性を求める人に訴求できるが、民間企業ではそうはいかない。となると自社限りの年功で評価する仕組みしか持っていなければ、中途採用者をうまく処遇できなくなるのだ。多くの会社でそこに矛盾を抱えながら、それぞれの会社で独自の取り組みを進めてきた。それぞれの会社で置かれている状況が違うので、こうすればよい、という標準的な制度というものがなかったからだ。

女性が職場に戻る時代

もう一つ言及しなければいけない変化がある。それは、女性が職場に戻るようになったことだ。

日本の女性労働についての課題は、M字カーブが深いことで知られている。M字カーブとは、年齢別の勤労状況割合を調べた時、20代と40代半ば以上とで勤労状況割合が高く、その間の期間で働いていない人が増えていることを指している。日本に住んでいる私たちは「ああ、子育て期間だからね」と普通に思うかもしれないが、世界的にはこれはおかしなことだ。ご存じの方も多いだろうが、日本と韓国以外にはM字カーブはほぼ存在しない。世界標準では、女性は出産や育児を理由として職を離れたりはしないのだ。発展途上国ではそもそも女性の働く割合が低いが、それでもM字カーブは発生しない。

実は日本でも、戦前においてM字カーブはほぼ存在しない。[5] 戦後になって初めて、日本で

5　落合恵美子『21世紀家族へ　家族の戦後体制の見かた・超えかた』1994年、有斐閣

図2
女性が働いている割合

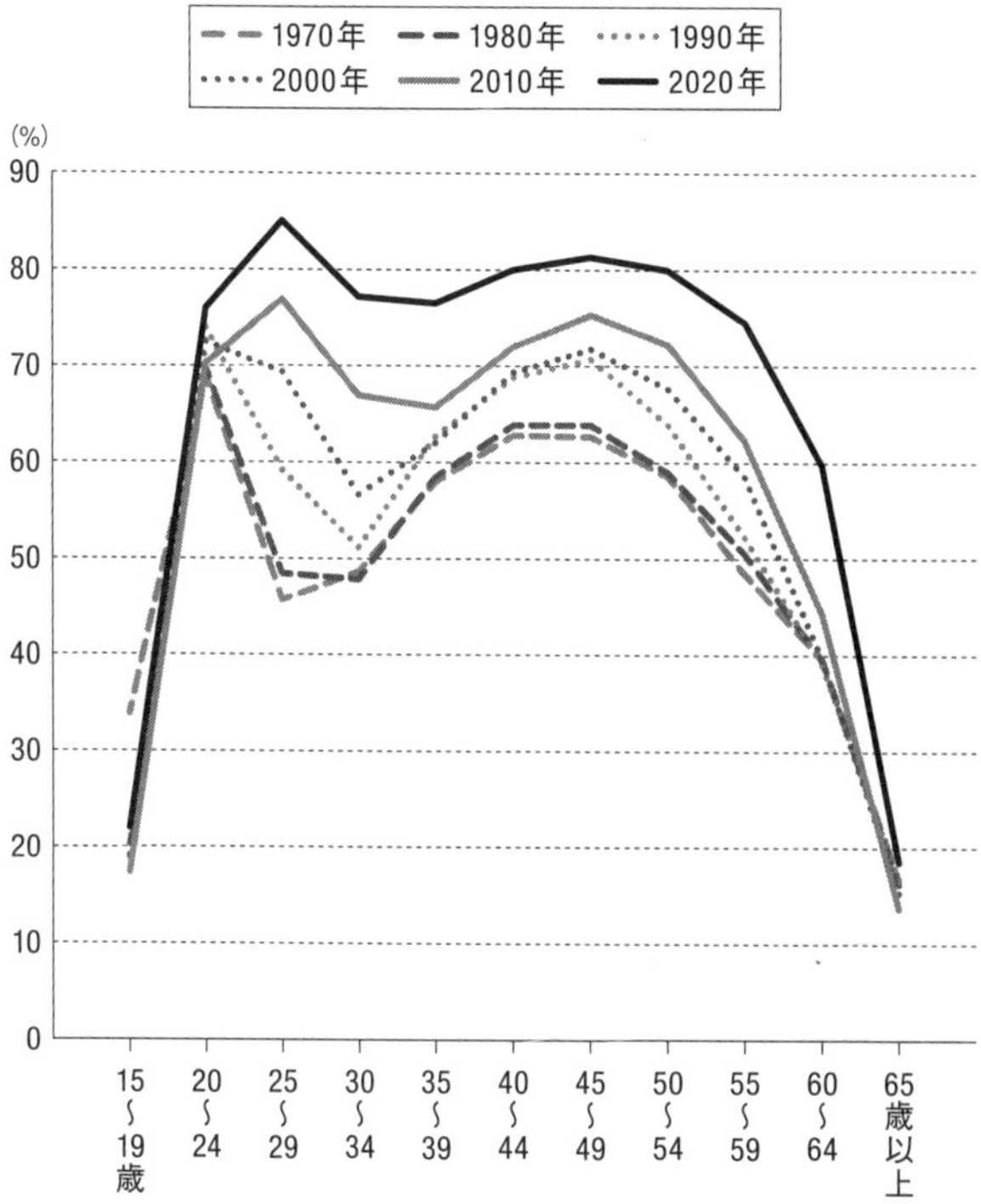

総務省統計局
「労働力調査長期時系列データ」より

は女性が主婦化したのだ。このことは奇しくも、戦後復興期から高度成長期において「男性中心」の給与の仕組みが広がったことと符合している。

そういった仕組みがなぜ広がったのか、という根拠を探すことは難しい。しかし戦前の旧民法における戸主権を持った家制度の存在や、戦時中の賃金統制令による生活給概念の浸透、戦後GHQが広めた民主主義的各種法令に対する反発、日本独自のモノを残したいという官僚たちの思いなどがあいまって、世界でも類を見ない男性中心の社会が形成されていったことが推察される。男性中心社会を維持し続けるには、それを支える存在が必要だ。それが、女性の役割を主婦と定めた可能性はある。

しかし現在、このM字カーブが浅くなりつつある。また、女性の非正規労働割合も年1％未満ずつの割合ではあるが、低くなりつつある。つまりいわゆる正社員としての女性就労者が増え、彼女たちが出産や育児を理由に退職を選ぶ割合が減りつつあるのだ。1970年において最も谷が深かった25～29歳の働いている割合は、45・5％から85・1％まで、なんと40％も改善している。

これらの変化を総合的に判断するなら「男は家庭を持って妻子を養ってこそ一人前」「女

は主婦として家を守るのが当たり前」という考え方が、戦後に奇妙に作られた幻想であったということだ。もはや、男性中心という前提も崩れてゆこうとしている。

そこに来たのがコロナショックだった。それはバブル崩壊やリーマンショックのように、突然ではあったが、必然のきっかけとしてあらわれた。

脱メンバーシップ時代の給与はどうなるか

「隣の同僚にメール」がヘンな行為だった頃

コロナショックにおける緊急事態宣言などで、私たちは会社に出勤することなく、在宅で閉じこもった状態で働くことを余儀なくされた。

それまでは朝になれば出勤し、オフィスで同僚と顔を合わせながら業務を進め、会議室で議論を交わしたり、お客様との商談を進めたりして働いてきた。定時を超えて残業をすることもあったが、上司が率先して行っていた残業は社内の一体感を醸成しているきっかけにもなっていた。そして酒を交えた懇親会で親睦を深め、深夜に帰宅する男性たちが多かった。

しかし、それらができなくなった。

「同じ場所」に集まり一体感を持った仲間として、時に家族以上のつながりを持つことができた働き方は、非常事態宣言を経て過去のものになってしまった。

今となっては、「それぞれの場所」で働かざるを得なくなったが、そのデメリットは大きかった。対面のコミュニケーションが阻害されたので、仕方なく電話や通話アプリに頼るコミュニケーションになったが、どうしても慣れない場合もあったのだ。そんなとき、そういえば、スマートフォンやノートパソコンにはほぼデフォルトのようにカメラ機能がついている。だったらそれらを使ってテレビ電話的な使い方ができるのでは、と気づいた人たちがリモートコミュニケーションのツールとして活用を始め、爆発的に広がった。そうして今では「同じ場所」でなくとも「それぞれの場所」で仕事ができるんじゃないか、という認識が広がっていった。

次に気づいたのは、「同じ時間」であることの必然性だった。「同じ場所」で働いているときには、もちろん「同じ時間」に働かなければ意味がない。ある人は午前中に出社し、ある人は午後に出社する、ということだとコミュニケーションできないからだ。もちろんこれまでもフレックスタイム制や裁量労働制のような形で、自分で働く時間を選べる仕組みはあった。それでもどこかのタイミングで顔を合わせなければ、という意識は常にあった。それはせっかく同じ場所に来ているんだから、という思いが原因でもあっただろう。

しかし「それぞれの場所」で働くようになると、コミュニケーションの同期性について疑問を持つ人が出てきたのだ。「同じ場所」で働いている場合、コミュニケーションは常にとりやすかった。そこでは常に同期性が保たれているとともに、随時のコミュニケーションが可能だった。話をしたければ、「ちょっといいかな」と席に行けばよかったからだ。

しかし「それぞれの場所」となると、その随時性が薄れてしまった。あらかじめ約束するなど、事前の一報がないと同期性のあるコミュニケーションがとりづらいからだ。すると、同期性のあるコミュニケーションじゃなくてもいいんじゃないか、ということに気づき始める人がいた。メールもそうだし、チャットツールでも、相手が気づいたときに返事を返してくれればよい、というコミュニケーション方法だ。

そうして「同じ時間」ではなく「それぞれの時間」に働いてもいいんじゃないか、という結論が導かれることになった。

もちろん、緊急性のあることについては同期したコミュニケーションが必要だ。代表的なツールは電話だろう。けれども、本当に緊急性のある仕事なんてどれくらいあるだろうか。

感情的に「今すぐ知りたい」と思うことを我慢しさえすれば、5分、10分を争うことはクレーム対応などの危機管理的なものがメインだ。となれば非同期性の前提として、計画性があればよい、ということになる。

かつてメールが浸透し始めたとき、「隣の席の同僚にメールで連絡することはとてもヘンなことだ」と言い出す人がいた。けれども非同期でのコミュニケーションとして考えれば全くおかしくないどころか、むしろ相手の時間を尊重するマナーのある行動だともいえる。技術が変われば、とるべき行動も変わるのだ。

若者だって陥りやすい年功主義

「同じ場所」「同じ時間」という働き方から「それぞれの場所」「それぞれの時間」という働き方への変化は、今後年功主義を大きく破壊してゆくことになる。バブル崩壊後の1990年代にＩＴ化が進んだ結果年功が否定されてきたように、新しい働き方としての脱メンバーシップにおいて、過去の経験が使い物にならなくなるからだ。

ただし、そこで否定されるのが年齢ではなく年功である点に注意しなくてはいけない。

年功主義とは、過去の経験を重要視する考え方そのものを指す。

たとえ若くても、自分が過ごしてきた過去の価値を重んじてしまうのであればそれは年功主義になってしまう。大事なことは、常に変化を前向きにとらえながら、新しい経験を積んでいけるかどうかだ。

逆にいえば、40代や50代、60代であったとしても、変化に対して前向きになることができれば、年功から脱却し新たな経験を積んでゆける。

ただ、この年功という概念はなかなかにしぶとく、仮に「私は年功なんて重んじない」と言ってみたところで、気がつけば年功のとりこになっていることが多い。皆さんの周りにもいるはずだ。若い頃は年長者の言動を否定しながら変化への前向きさを誇っていたはずの人たちが、年をとるにつれ変化を否定し始め、昔は良かったというふうな懐古主義に陥ってしまっている人たちが。

動物としての人間は変化を嫌って当然だし、年を重ねれば社会的に認められたいとか尊敬されたいという欲求を持つようにもなる。だから年功主義とは、年を重ねるとともに誰しもが獲得してしまう思考プロセスなのだ。

メンバーシップ型はジョブ型にそのまま移行しない？

場所と時間についての働き方が変わるとともに、雇用のされ方が変わるという議論がある。ただこれは短絡的にすぎる議論だし、本質的でもない。

日本の特殊な働き方を「メンバーシップ型」とした際の特徴は、「職務のない雇用契約」にあった。雇用するのに職務が定まっていないという特殊性をもって、「雇用契約でその内容を明確に定めて、その範囲内の労働についてのみ労働者は義務を負うし、使用者は権利を持つというのが、世界的に通常の考え方」[6]である職務（ジョブ）型に対するアンチテーゼとして示したものだ。

日本におけるメンバーシップ型といわれる雇用は、男性中心、年功主義によって形成されてきた。メンバーとは男性であり、彼らが家を支配する権力を持つために年功で処遇する。メンバーとしての権利を守るとともに忠誠心を確認しなければいけないので、会社都合の異

6　濱口桂一郎『新しい労働社会』２００９年、岩波書店

動や転勤も行っていく。そして面倒な仕事は若手の下積みとして払い下げ、年長者は管理監督を行うなどの名目で上がりの人生を送るようになっていた。

また、そのためには女性はメンバーに含められないし、メンバーを支える存在でなくてはならない。さらに女性は専業主婦にならなくてはいけないという理屈づけとして、3歳児神話が語られてもきた。実際問題、核家族化が進む中で子育てを担当する家族がいなくなり、どうしても誰かが見なければいけない、となった際に女性にその役割を押し付けられた側面もある。男は外で稼ぎ、女が家を守る、という構図だ。

しかし1990年代以降の変化は、男性中心の年功主義を否定してきている。転職が常態化し、女性就労率が上昇しているのは紛れもない事実だ。

つまり、メンバーシップ型はすでに否定されつつあった。そこに、コロナショックによる脱メンバーシップのきっかけが与えられたと考えるべきだろう。

「メンバーシップ型雇用」を支えたのは組合の給与交渉

しかし、メンバーシップ型には大きなメリットがある。そのことについてあらためて理解しておかなければ、これからの働き方や雇用がどう移り変わるのかは理解しづらい。

そもそも、日本において古来からメンバーシップ型の雇用が存在していたわけではない。明治維新以降に資本主義が広がる中、雇用の仕組みは当然のごとく職務（ジョブ）型だった。職務の定義をしたうえで雇用をするのは当然だったのだ。しかし戦時中の賃金統制令に基づく最低生活保障型を経て、戦後復興期にメンバーシップ型雇用が形成されていく。結果として、経営側に異動や転勤、長時間労働などの指揮命令権を与えていると解釈されるが、給与の観点から見た場合、年功的生活給が軸にあることを忘れてはならない。そしてこの年功的生活給を誰が求めてきたのか、ということだ。

それは労働者自身であり、1980年代まで強い影響力を持っていた労働組合に他ならない。

戦後間もない時期から1980年代までは春闘でベースアップが議論され、5月1日は労働者の祭典としてメーデーが各地で開催されていた。組合は多くの労働者を組織化し、労働者の代表として生活給の引き上げを主張し続けた。そして経営者側も組合と協調しながら、対話によって利益配分を推し進めていった。つまり1980年代までの男性中心、年功主義を軸とした給与の仕組みは、生活給としての水準を経営層と労働組合との交渉によって担保していたのだ。一方、昨今議論になる職務（ジョブ）型の雇用では、給与は原則として市場原理によって決定することになる。この違いを踏まえて、メンバーシップ型雇用を理解しなくてはならない。

そもそも世界的な歴史を踏まえると、雇用と給与決定の歴史は、まず交渉（トレード）型から始まっている。一定の技術を持ったギルド集団が自らの賃金を団体として交渉し、受け取る権利を獲得していたという。[7]日本における労使関係も、生活給という概念をベースにしている点で違いはあれども、経営層と労働者側の団体とが交渉し、昇給額や一時金としての賞与額を決定する仕組みは、まさにコレクティブ・バーゲニング（集合取引……のちに団体交渉と訳されるようになる）である。

一方で最近よく目にする職務（ジョブ）型という雇用形態は、その後のあまたの変遷を経たのち、１９００年代初頭にアメリカでフレデリック・テイラーにより科学的管理手法として明文化されたものを指す。そこでの給与決定における特徴は生産性概念だったが、１９４０年代以降にエドワード・ヘイによって広められた職務評価によって、市場概念を持つようになる。それは1960年代以降急速に世界に広がるが、新自由主義的な市場原理がその根底にあることを忘れてはいけない。

コロナショックを経た今の私たちが職務（ジョブ）型として理解している雇用と給与決定の仕組みは、職務の価値を市場取引によって決定しようとする仕組みだ。つまり1990年頃まで日本で主流だった、労使関係の交渉（トレード）による雇用と給与決定の仕組みが、市場価値（マーケット）に基づく雇用と給与決定の仕組みに変わるものとして理解しなくてはならない。

市場価値での給与決定は、非「正社員」から始まっていた

組合活動が弱体化した原因にはバブル崩壊後の経営側の危機感もあるが、1989～91年にかけての社会主義・共産主義国家の挫折がある。思想的根拠を失った労働運動は、市場取引を是とする新自由主義的な発想に押されて衰退してゆく。

7　濱口桂一郎、海老原嗣生『働き方改革の世界史』2020年、筑摩書房

１９８６年に施行された労働者派遣法も一つのきっかけだ。１９９０年代以降対象業務が拡大し、２００４年には製造業派遣も可能になってゆく。それは労働組合が守ってきた「正社員」の外にある雇用であり、正社員の生活を守るための措置でもあったが、それ自体が組合の力を低下させた一因にもなっている。

派遣労働者は、市場価値によって給与が決定される。需要が供給よりも多ければ給与は上がるし、供給過多になれば安く引き下げられる。彼らは派遣元に雇用されているため、派遣された先の労働組合に属さない。そのため同じ場所で同じ仕事をしていても、夏冬賞与を受け取り毎年給与改定がなされる正社員に対し、10年勤めても昇給せず賞与などの一時金を受け取らず、かつ退職金も存在しない待遇の違いが生じることになった。

だから派遣法を設定した当時の政府が悪いのか、というと決してそうではない。むしろ男性中心、年功主義にこだわり続け、労使関係が破綻している事実に気づきつつも是正してこなかった経営者と労働組合側、双方に原因があるはずだ。戦後何十年も続けてきた常識を変えられなかったのは、それぞれが自らの経験の価値を重んじてきた結果だろう。

90年代からコロナショックまでに起きていた変化

労使交渉による給与決定ロジックを失った企業は、1990年代後半から2020年にかけ、多くの変革を進めてきた。

その典型は3種類に区分される。

第一に、アメリカ型の職務（ジョブ）型制度の導入だ。コロナショックで取りざたされるまでもなく、すでに日本でも多くの企業で変革は進んでいたのだ。典型的には1994～97年にかけて大規模な人事制度改革を進めた武田薬品工業の例[8]がある。アメリカ企業との合弁会社社長を経て、1993年に武田本体の社長となった武田國男氏による剛腕の変革で、1995年の3500人（当時全社員1万1000人）のリストラを含めて大ナタを振るったが、そのきっかけはアメリカの巨大製薬企業を間近に見てきた危機感だったという。ただ、その変革内容は完全な職務（ジョブ）型ではなく、年功および生活給要素を大幅に低下

8　高橋俊之「タケダの成果主義とその課題」日本労働研究雑誌、2006年

させたものだった。

第二の例は、職務（ジョブ）型と能力型を折衷させた役割型制度の導入だ。当時、ソニーやＮＥＣなどでまず上級管理職向けに導入され、のちに一般社員にまで拡大展開された仕組みだが、職務的要素に加え、将来期待や過去の貢献など、属人的な要素を含めて設定した「役割」概念を用いたことが特徴だった。とはいえ、本質的には第一の職務（ジョブ）型制度も実質的に属人的要素で給与を決定する仕組みを残していたため、これらの間に大きな違いがあったとまではいえない。

ただ、２０１０年代後半になると日立製作所やパナソニックなども職務あるいは役割概念での制度改定を進めるようになり、これまでの生活給的要素と市場価値要素との折衷案が現在の日本企業にとっては理解しやすく使いやすい、という状況になっている。

第三の例は業種型・職種型制度の導入だ。それまでのメンバーシップ型に基づく年功・能力主義的な仕組みにおいても複線型人事として制度設計されることがあったが、それらはあくまでも新卒として一括で大量に採用した後、適性に合わせて管理職を目指すか専門職を目指すか、という程度のものだった。前提はメンバーシップ型正社員だったのだ。

しかしこのタイミングでの変革は、採用時点からの職種別制度の導入だった。たとえば、ITシステム会社などが典型だ。同じ年齢であったとしても、システムエンジニアと営業職とでは、労働市場（マーケット）における給与相場が異なっている。またシステムエンジニアの中でも、どのような言語による開発ができるかや、概要設計、詳細設計、コーディングなどのどのスキルを発揮できるかによって相場は異なる。そのような市場価値に合わせた人事の仕組みを導入する企業が増えつつある。

ただ、いずれの会社においても、1990年代までの男性中心、年功主義から完全に自由になっているとはいえなかった。そもそもそれらの時代から活躍している50代以上の社員、60代以上の役員がいる中で、変革は簡単には進まなかった。

しかし、それがコロナショックで大きく変わったのだ。

ミレニアル世代が担う、脱メンバーシップ変革

1990年代から2020年にかけての人事変革は、本質的に男性中心かつ年功主義の文脈から逃れることが難しかった。先進的に見える人であったとしても、「男は家庭を持って

妻子を養ってこそ一人前」「女は主婦として家を守るのが当たり前」という考え方を根強く持っている人は多いからだ。3歳未満の子どもを保育所にあずけて働こうとする母親に対して「子どもがかわいそう」という言葉をかける人はいまだにとても多い。それは男女を問わず、むしろ女性の方に目立つかもしれない。

しかし、変化の兆しはあった。特にミレニアル世代といわれる1981～95年生まれの人たちは、デジタルネイティブであり性別を問わない友人関係を持ち、承認欲求によって行動するといわれている。そこでは男性中心や年功主義などの概念が希薄だ。

特に彼らをそのように育てた親たちが、これまでの世代と異なっている点に注目したい。仮に1990年生まれだとして、当時の初婚年齢平均は男性が28・4歳、女性が25・9歳だった。[9]当時の女性の初出産年齢が27・0歳だったことから初出産までの平均期間は1・1年と仮置きすると、男性は29・5歳で子どもを持ったことになる。すると父親は1960年生まれ、母親は1963年生まれということだ。この年頃の両親は20代をバブル期として過ごし、その後の不況の中で子育てをしていることになる。1960年代は核家族化が進んだ時代であり、大家族的な考え方はすでに薄れていた。ミレニアル世代の祖父母たちは男性中心、年功主義や生活給などの発想を当たり前に思う世代だったが、両親はそれらの考え方から自由になり、さらにその子どもとなるミレニアル世代は、不況の中で生まれ育ち、価値観を変えている。そんな彼らが２０２０年に25～39歳となり、ビジネスの現場の主人公となっている。

コロナショックは、まさに変革の端境期にあったのだ。

もしこのタイミングで、増え続ける中高年層の言葉に従い続けていたら、日本における変革は進まなかっただろう。中高年層にも年功を否定する人は多いが、一方でわざわざ多数派と激論を交わしてまで変革を進めようという気力はなかったかもしれない。

しかしここで訪れた脱メンバーシップは、私たちに新しい変革をもたらそうとしている。さらに、これまた奇しくも大きな技術変革が同じタイミングで起きようとしている。

社会インフラ化しつつあるクラウドコンピューティング。

５Ｇ技術による無線通信の超高速化。

9　https://www8.cao.go.jp/shoushi/shoushika/whitepaper/measures/w-2004/html_h/html/g3350000.html

ビッグデータに基づいたＡＩによる意思決定補助。

これからの働き方は年功に頼るのではなく、今起きている変化を自分のものとして学び続ける人たちが活躍しやすいものでなくてはならない。会社における給与決定の仕組みやキャリアのあり方も、それに合わせて変化しなくてはならない。それが脱メンバーシップ型であり、その中の選択肢として職務（ジョブ）型の雇用もあるだろう。あるいは職務と能力とを併用して評価するハイブリッド型の仕組みが適している企業もあるだろう。

大事なことは、一律の社会通念に沿ったワンパターンな仕組みではなく、それぞれの会社が目指すビジョンや目的に合わせ、求める人材の行動に寄り添った、個々に最適な仕組みが活用されるようになるということだ。

そんな変化の中で、私たちはどのように働き、どのようにキャリアを積んでいくべきだろうか。次の第２部から、自分事として取り入れるためのより具体的な指針を示す。

第2部

働き方のニューノーマル

脱メンバーシップ時代の働き方・キャリア・給与

「若い人の成果を中高年に付け替える」生活給がついに変わる

脱メンバーシップをきっかけとして、生活給が薄れていくことがこれからの会社の仕組みだ。緊急事態宣言による在宅勤務やテレワークの進展、それに伴う職務（ジョブ）型人事というキーワードの流行は、そのきっかけにすぎない。

そもそも、生活給はすでに破綻していた。

若い人の成果を中高年層に付け替える仕組みとして成立していた生活給は、人口ピラミッドの逆転とともに機能しなくなった。たまたまそのあたりの年代に、バブル崩壊があり、ＩＴの発展があり、核家族化からの個人生活者増加による生活スタイルの変化があり、それらがひとまとめになって制度疲労を起こしていたのだけれど、それに気づいてなお変えようとはしなかった。

男性中心で年功主義の思考から脱却できない多くの人たちが、ダイバーシティという名目で柔軟な仕組みを一部取り入れてお茶を濁そうとしたり、逆に市場価値に合わせて支払う、という名目で、年功的生活給水準のまま職務給を導入したりした。若い頃は人材育成しなければいけない、という理屈で給与を低めに設定し、管理職になったら疑似職務的な役割給で、毎年の成果に応じて給与が付け替えになる仕組みを導入する企業もあった。

また、派遣労働などの、市場取引を前提とした給与設定の労働者を増やすことで正社員処遇を守ろうともしたが、結果として国力の弱体化を招くこととなり、大きく方向転換しようとしている。2010年代後半からの非正規雇用者の無期雇用化や、正社員を基準として、派遣社員や業務委託社員、定年後再雇用者の給与水準を均等あるいは均衡待遇として整理しようとする同一労働同一賃金の法制化などはその中での一連のストーリーに他ならない。

年功による生活給が薄れたのち、給与の仕組みはどうなっていくのか。

そこで理解しなければいけないのは、「交渉による相対取引」から「市場取引」という給与決定ロジックの変化であり、そこで取引される労働そのものも「無限定の人生そのもの」

から「契約に基づく成果」に変わっていく流れだ。

それらは働き方の変化とともに、これからの私たちの生活に大きく影響してくる。

ジョブ型とメンバーシップ型の給与の仕組みはどう違うか

すでに外資系企業で働いている人たちにとっては当たり前のことだが、市場取引をベースとした職務（ジョブ）型の給与の仕組みが、日本の常識だった職能型メンバーシップの生活給とどのように異なるのかを見てみよう。

なお、職務（ジョブ）型の給与の仕組みも2020年時点でリアルタイムに変化しているため、一般的な職務型の例として示すようにする。比較要素は「採用時給与水準」「評価制度」「昇給・減給」「賞与」「昇格・降格」「異動・配置」「採用・教育」「退職」の8種類だ。

まず典型的な職能型の場合を示そう。

採用時給与水準
新卒採用を基礎とした年齢別の給与モデルをベースに決定。
根拠：能力は年功とともに蓄積される前提で設計しているため。

図3
職能型メンバーシップの給与モデル例

	年齢給（円）	職能給（円）	合計月額（円）
22歳	45,000	160,000	205,000
23歳	47,000	165,000	212,000
24歳	49,000	170,000	219,000
25歳	51,000	175,000	226,000
26歳	53,000	180,000	233,000
27歳	55,000	185,000	240,000
28歳	57,000	192,000	249,000
29歳	59,000	199,000	258,000
30歳	60,000	206,000	266,000
31歳	61,000	213,000	274,000
32歳	62,000	220,000	282,000
33歳	63,000	227,000	290,000
34歳	64,000	242,000	306,000
35歳	65,000	250,000	315,000
36歳	65,000	258,000	323,000
37歳	65,000	266,000	331,000
38歳	65,000	274,000	339,000
39歳	65,000	282,000	347,000
40歳	65,000	290,000	355,000

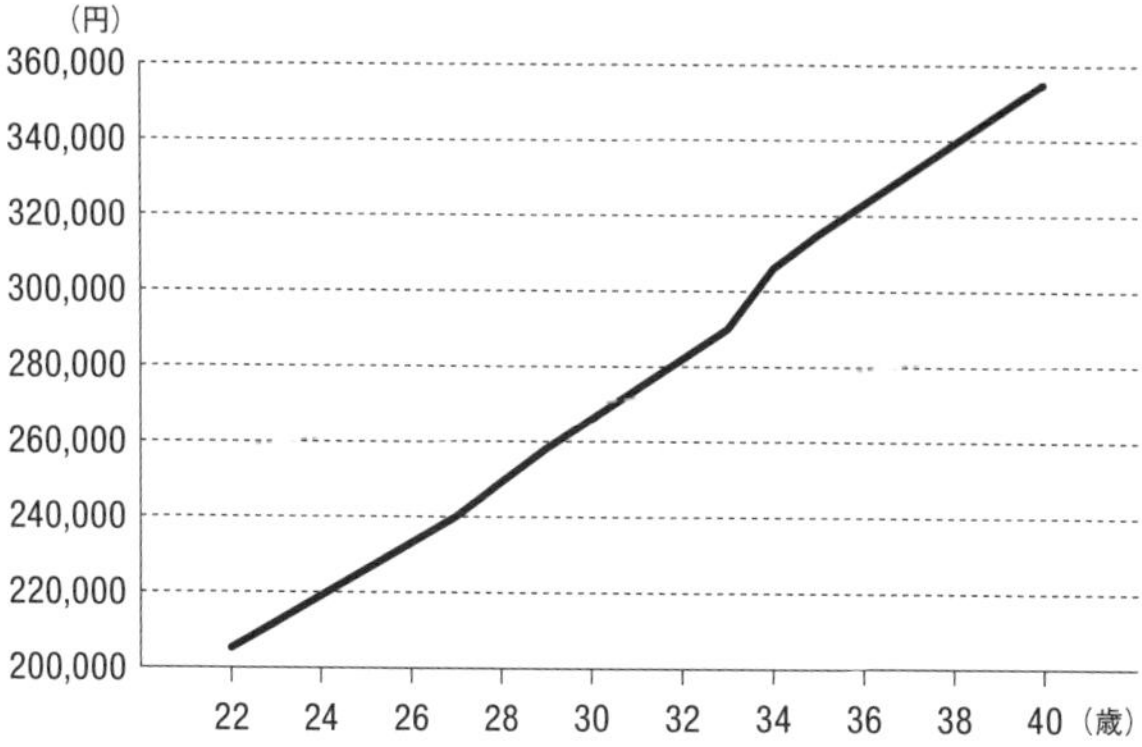

評価制度

通常は決算月に合わせて年1回評価を行う。賞与査定は別途行うか、あるいは評価を年2回にしてそれらを反映する場合がある。

評価基準は情意、能力、成果について個別に評価したのち、総合的に判断する。それぞれの定義の例を示そう。

情意：会社の一員としてちゃんとしているかを測る基準。協調性、積極性、規律性などがあげられる。

能力：チームワーク、リーダーシップ、人材育成など、業務において求められる能力を測る基準。職種別などで定義することもある。

成果：売上への貢献、利益への貢献などを測る基準。数字で定量的に測れるようにする場合もあるが、優・良・可・不可、と定性的に評価する場合もある。

これらを相互的に判断し、ＳＡＢＣＤの5段階に位置づけ、それぞれ昇給や賞与に反映する。

昇給・減給

年齢給など年をとれば自動的に金額が変化する項目以外は、評価結果を反映して昇給額を決定する。1990年頃までの平均昇給額は1万円以上だったが、現在は6000円前後を推移。

個別の会社ごとに昇給額を決定することが基本だが、大企業では業界動向などを勘案して他社比較を行ったうえ、労働組合との交渉により昇給額を決定することも多い。

なお、減給の仕組みはほぼ存在しない。

賞与

評価結果を反映する場合と、個別の賞与査定を反映する場合とがある。また会社によっては変動なしで定額・定率（月給の○か月分など）とする場合もある。

評価結果を反映する場合には、基準月数に対してプラスマイナス20％程度を加減することが多い。

昇格・降格

能力の向上と年功とが密接に関係している前提であることから、昇格に最低限必要な年数と、上限年数を設定していることが多い。たとえば新卒で入社した際に1等級に位置づけられた場合、最低年数が経過してから評価に応じて昇格させたりする。一方、上限年数を設定している場合には、評価にかかわらず上限年限に達した時点で自動的に昇格させる。
そのため、評価結果にかかわらず、社内の一定等級までは誰しもが昇格することが多い。その水準は会社によるが、おおむね管理職手前層までである。なお、降格はほぼ存在しない。

異動・配置

本人の適性を会社が検討したうえで配置を決定する。ローテーション形式をとる場合には、一定年数ごとに社内の各部署を異動し、社内でのつながりを強化するとともに全社目線を持てるように教育することがある。大企業では会社内部の労働市場を形成する。

採用・教育

新卒一括採用により人材プールを形成し、各部署に配置したうえでＯＪＴという名目で、実践を積みながらスキルを高める形式をとる。新卒採用で補充が間に合わない場合に中途採用する場合があるが、採用時給与水準の決め方のように、会社内部の労働市場を前提とした条件を提示する。

退職

定年一括退職が基本。現時点では高齢者安定雇用法により60才未満の定年設定は認められておらず、かつ希望者はすべて65歳まで何らかの形で雇用を継続する必要がある。2021年4月からは70歳までの就業機会確保が努力義務化される。

中途退職は本人希望により可能だが、会社都合に比べて退職金額を減額されることが一般的。

ジョブ型の人事の仕組みはどうなっているのか

では職務（ジョブ）型の人事の仕組みはどうなっているのだろう。外資系企業であっても、日本法人向けには日本の法律にのっとった調整をする場合が多いため、ここではアメリカ型で日本風にアレンジされていない例を示してみよう。

採用時給与水準

採用時に職務記述書（ジョブディスクリプション）が示され、その内容を評価することで職務グレードを決定する。職務グレードは段階的に複数存在しており、それぞれ標準金額とレンジが設定されている。たとえば、あるポストの職務グレードが15段階のうち6だったとする。グレード6の年俸が500万円でレンジがプラスマイナス40％だとすると、300万～700万円の幅を持つことになる。採用時には、このレンジ内であることを前提に、前職年収を参考に交渉のうえ決定する。

なお、職務グレードと年齢との間に相関はほとんどない。

評価制度

通常は、決算月に合わせて年1回評価を行う。

職務記述書に定めた職責に基づき、会社と個人との間で目標について合意し、その結果を評価することが多い。日本での目標管理制度に近い形式をとる。

昇給・減給

現在の給与額がレンジのどの位置にあるかを前提として、評価結果を反映し、改定割合を決定することが多い。一般的には各グレードの標準額より下回る給与額で昇給しやすく、標準額を超えると昇給しづらくなる。また、一般的に給与最高額までの昇給とな

図4
職務（ジョブ）型の給与モデル例

グレード	給与テーブル 最低額（円）	標準額（円）	最高額（円）	レンジ
15	5,160,000	8,600,000	12,040,000	40%
14	4,920,000	8,200,000	11,480,000	40%
13	4,680,000	7,800,000	10,920,000	40%
12	4,440,000	7,400,000	10,360,000	40%
11	4,200,000	7,000,000	9,800,000	40%
10	3,960,000	6,600,000	9,240,000	40%
9	3,720,000	6,200,000	8,680,000	40%
8	3,480,000	5,800,000	8,120,000	40%
7	3,240,000	5,400,000	7,560,000	40%
6	3,000,000	5,000,000	7,000,000	40%
5	2,760,000	4,600,000	6,440,000	40%
4	2,520,000	4,200,000	5,880,000	40%
3	2,280,000	3,800,000	5,320,000	40%
2	2,040,000	3,400,000	4,760,000	40%
1	1,800,000	3,000,000	4,200,000	40%

評価	給与改定表 最低額～標準額	標準額～最高額
S	7%	5%
A	5%	3%
B	3%	1%
C	0%	0%
D	-3%	-5%

る。

賞与

管理職以上に対して1年に1回のインセンティブとして支給されることが多い。個人および組織としての基準目標を設定し、それを超えた業績を達成した場合に割合に応じて支払われる。従業員の大半を占める一般社員層には支給されないことが多い。

昇格・降格

ポストが空いたり新しいポストができたりしたときに人材補充として実施することが基本。求められる専門性によっては、社内からの昇格ではなく、外部採用のみとすることも多い。

ポストを異動した結果として職務グレードが変化することが、結果として昇格につながる。降格はほぼないし、もしそうなるとしたら一般的に退職を選択する。

異動・配置

ポストが前提であり、本人希望以外で異動することはほぼない。

採用・教育

通常は新卒と中途採用の区分はないが、新卒の場合はインターンの機会を活用することが多い。ポストの空きを前提とした通年採用が基本。

採用後の教育体制は整備されており、職種や役職などに応じた教育機会を与えられる。

退職

アメリカ企業の場合には、定年がない。そのため、従業員意思で退職を選択する。

また退職金制度は名目的には存在しないが、実質的には確定拠出年金制度の活用支援という形で実施している場合が多い。

ジョブ型に移行することで起きる変化

こうして比較してみたとき、給与制度や昇格、異動、採用、退職などのルールは大きく異なるが、評価についてはあまり変わらない印象を受けるのではないだろうか。目標管理制度はすでに多くの日本企業でも導入されているし、給与レンジ内で昇給額割合を変化させる会社も多い。昇給や賞与についても、額とパーセントの違いなどはあっても仕組みが大きく違うわけではない。だから仮に職務（ジョブ）型の人事の仕組みに変わっても、それほど大きく変わるわけではない、と思う人も多い。

しかし実際に職能型メンバーシップの仕組みから職務（ジョブ）型に変えた会社では、次のような変化が生じている。

第一に、仕事の進め方、働き方の変化

第二に、次のキャリアに向けた意識の変化

第三に、昇給額を含めた年収に対する意識の変化

これらの変化にどのように対応していけばよいのか、具体的に考えてみよう。

1 「仕事の進め方、働き方の変化」への対応

コロナショックが後押しする不可逆の変化

職能型メンバーシップの会社から職務（ジョブ）型の会社に変わったとき、業務において3つのことが明確になる。

①個人としての責任・権限、②求められる成果、③短期間での成長期待、だ。

たとえば経理部門の例をあげてみよう。

メンバーシップ型の時代には、経理課全員で決算業務を行っていた。ルーチン的な仕訳入力は新人が指導を受けながら担当し、エラー情報や個々に確認が必要な案件については、先輩が電話で確認するなど対応してくれていた。経理部門経験が長くなると財務諸表作成と結果の突合チェックなどを行う。営業会議や経営会議向けの資料作成はベテランが担当し、新人がそれを手伝いながらやり方を学んでいく。イレギュラー処理が発生した際には、経理部門全体で一致団結して残業しながら対応し、解決してゆく。

そんな業務の進め方が、職務（ジョブ）型に変わることで次のようになった。

まず、業務ごとの担当者と責任者が明確に定められた。部門としてサポートし合うことは必要だが、まずそれぞれの責任範囲で仕事を完了させることを優先するようになった。また成果が個人にはっきり紐付くため、品質を保つためのルール設定が必要になり、最終責任は管理職が負うことになった。基本的には残業が禁じられているので、定時内に業務処理を終わらせなくてはいけない。そのため生産性を高めるためのスキルアップや、知識の習得について会社から補助が出るようになったので、個々の時間の中で外部の教育機関を活用するなどの取り組みが広まった。

さて、このような変化を見たとき、マイナスの印象を持つ人が多かった。なんて世知辛くなるんだ。一体感やチームワークとかが損なわれているじゃないか。そう考える人が多かったから職務（ジョブ）型に移行しようという動きはほとんどなかった。

コロナショックまでは。

コロナショックで「同じ場所」で働くことが難しくなると、メンバーシップ型の経理部門の働き方はできなくなった。否が応でも、①個人としての責任・権限、②求められる成果、③短期間での成長期待をはっきりさせなくてはいけなくなったのだ。

「同じ場所」「同じ時間」で働くからこそ、役割をはっきり定めない全員での作業ができていたのだ。指導を兼ねるというＯＪＴという名目での業務遂行ができたし、都度都度タイムリーに電話確認することも、電話の相手先もまた「同じ時間」に働いているからこそできたことだ。そしてイレギュラー対応による突然の残業も、そうして生じていた一体感の中で自然に受け入れられていた。

けれども「それぞれの場所」で働いていると、これらはすべて困難になる。

だから「それぞれの時間」で自分の責任・権限で仕事を進め、求められる成果を出すことが基本になろうとしている。また、そばにいる誰かの仕事ぶりを見て真似たり教わったりすることもできないので、計画的に学ぶ必要が出てくるのだ。

さて、強制的にではあるが、実際に職務（ジョブ）型の働き方をしてみて多くの人はどう感じただろうか。世知辛い側面だけが目についただろうか。

テレワークについて様々なアンケートが取得され分析されたが、実はほとんどの人たちが好意的な感想を述べている。厚生労働省の公表データ[10]によれば、緊急事態宣言発令後の5月の調査で、67・3％の企業でテレワークを採用するようになっている。特に300人以上の企業に限って見れば90・0％がテレワークを採用した。

その効果については従業員側からは「通勤時間や移動時間を削減できる」79・9％、「自由に使える時間が増える」30・1％、「業務効率が高まる」29・3％、「オフィスで仕事をす

10 厚生労働省「第1回 これからのテレワークでの働き方に関する検討会」参考資料

るよりも集中できる」28・5%のように、前向きな意見が多い。

企業側からも「働き方改革が進んだ（時間外労働の削減）」50・1%、「業務プロセスの見直しができた」42・3%、のように前向きな意見が強く見られた。

一方で従業員側からのテレワークのデメリットとしては「運動不足になる」46・8%、社内コミュニケーションが減った」45・3%、「紙の書類のやりとりができない」40・8%、などの意見も出ている。

しかし、もはや常に全員が「同じ場所」「同じ時間」で働く状態に戻ることはできない。そのために人事の仕組みも職務（ジョブ）型に変わろうとする中、デメリットをメリットに変えていくための取り組みを考えてみよう。

上司の思いを意識してコミュニケーションをとる

テレワークについてのアンケートで筆頭に出てくるのが、上司への不満だ。ちゃんとした仕事を割り振ってもらえるだろうか。公平・公正に評価してもらえるだろうか。将来のキャリアに悪い影響が出ないだろうか。そんな不安の声がアンケート[11]にあらわれている。

しかし実はテレワークの拡大に際して、上司側からの不安も数多く出ているのだ。弊社がコロナショック後に進めている管理職研修では、在宅勤務を前提としたマネジメント手法について教育している。そこでのポイントは4つある。それらを把握しておけば、部下の側から何に気をつければよいかがわかるようになるだろう。

テレワークに際して管理職が注意すべき4つのポイント

1．適宜コミュニケーションをとれる環境を整備する

上司側に求められることの第一は、在宅勤務で困っている部下を支援することだ。「ちょっとした相談をする相手がいない」「連絡したいけれど今大丈夫かどうかわからなくて連絡しづらい」といった声が多く聞こえてくる。それらを払しょくするために、3つの行動をとるようにしよう。

11　パーソル総合研究所「第3回・新型コロナウイルス対策によるテレワークへの影響に関する緊急調査」

なお、デジタルツールとして、Ｚｏｏｍなどの通話ツールに加え、Slack などのチャットツール、スケジュール管理ツール、ファイル共有のためのグループウェアやクラウドサーバシステムなどを導入することが前提だ。

①チーム内のコミュニケーションルールを定める

たとえば、仕事の区切りごとにチャットツールに書き込むことなどだ。「おはようございます」「お昼いってきまーす」「ちょっと私用で30分抜けます」「抜けた分、少し残って仕事します」「今日は終わります。お疲れ様でした」というような書き込みがあれば都度心配しなくてもよい。またチャットツールを見る癖がつけば、ちょっとした問いかけにも気づけるようになり、相談がしやすくなる効果もある。

②メンバー間の動きをお互いに把握できるようにする

スケジュール管理ツールに、できる限り細かく予定を書いておくようにすべきだ。たとえば30分単位など。この作業は最初面倒に感じるが、誰が何をしていて、何をする予定なのかがわかることで不信感が払しょくされるようになる。また追加効果としては、計画的な作業をしやすくなり、作業効率が向上する。

③上司からも部下にコミュニケーションをとる

テレワークにおける報連相の基本は、タイミングをあらかじめ設定しておくことだ。都度都度上司が「あれどうなってるの？」と問いかけてばかりいたのでは、部下は仕事に集中できなくなる。とはいえ、部下からの報連相を待つばかりでは、部下側に気遣いをさせてしまいすぎる。だから、比較的どうでもよいような雑談などを、上司側から部下たちに振っていくことだ。これも計画的に、雑談時間をチャットやリモートでのグループ通話で設定することなども考えられる。

ただし細かすぎるコミュニケーションルールは、逆にチーム内の信頼関係を低下させる要因となる。監視にならない程度のルールづくりを心掛けること。

2．日々の業務ゴールを明確に伝える

上司の役割は部下と仲良くコミュニケーションをとりモチベートすること、ではない。モチベーション向上を手段として、組織としての成果を担保することだ。上司側が不安を感じるのはまさに組織として成果が出ていない場面であり、部下側にも不安が伝播して疑心暗鬼になり疲弊する。だから日々上司は、部下に対して何をどこまでやるのか、明確に伝えなけ

ればいけない。その際には5つの項目を明示しよう。

①何のために（目的）
②誰が
③何を
④いつまでに
⑤どのような状態に仕上げるか

これらについて、もし時間に余裕があるのなら、上司側から部下に問いかける形式でもよい。そうすることで部下が自らの意思で業務に取り組みやすくなる効果も期待できるだろう。

3. 適切に労務管理を実施する

テレワークでは、時間外労働が増えやすい傾向がある。特に通勤時間がなくなったことで、もう少し切りのいいところまで仕事をしよう、と思う人が増えている。そこで上司としては3つの行動をとるようにしよう。

①出退勤のルールを決める

コミュニケーションについての部分で示したように、メールやチャットツールなどで出退勤を報告するなどの対応が必要だ。特に業務時間中の中抜けを許容している場合には、意識的に「働きすぎていないか」を確認しなくてはいけない。

②部下の業務配分を確認する

あまりにも時間外労働が多い場合には、業務を削減することも必要になる。このとき、業務の効率性についても意識してみるべきだ。意外に多いのが、自宅での作業環境が整っていないことが原因での非効率さだ。そのような場合のため、テレワークを促進する企業では1万5000円～3万円程度でテレワークのための設備費用を補塡していることもある。

③個別に相談にのる

テレワークによってメンタル面の不調を訴える場合もある。その理由は様々だが、特に中高年以上に不満が多いというデータもある。それらについて、解決策は示せなくても、話を聞くようにすべきだ。大きく変わった環境に対して、一人で悩まないようにするだけでも大きな効果を持つ。

4．部下を主役にするコミュニケーションを心掛ける

テレワークで発生しやすい2つのコミュニケーションロスに対応しよう。

一つ目は「声が重なりやすい」ことへの対応だ。同時に話し始めてしまったり、互いに遠慮してだまり合ったりすることもある。そこで活用すべきは「沈黙」だ。まず相手に話をさせるために、最初に沈黙で間を置くようにする。相手の話し終わりを意識するためには、話し終わった後少し沈黙が挟まれるくらいがちょうどいい。それから話し始めるようにしよう。

二つ目は「感情が伝わりづらい」ことへの対応だ。空気感が共有できないので、どんなことを考えているのかが理解しづらい場合がある。そのため画面越しの対話では、必要以上にわざとらしく動いてみよう。特に重要なことは「うなずき」だ。声を出さなくとも、相手を見ながら大きく首を縦に動かすことで、話を促しやすくもなるのだ。

さて、経営層が管理職層に求めていることがわかっただろうか。

この4つのポイントについて、程度の差はあれどもほとんどの会社の管理職が意識して行

動するようになっている。だからこれを部下の側からとらえてみれば、とるべき行動がわかるはずだ。

1．適宜コミュニケーションをとれる環境を整備する

これに対しては、しっかり応えていこう。斜に構えたりせず、自ら率先してコミュニケーションをとるようにしていけば、上司側も安心するし印象も格段に良くなる。

2．日々の業務ゴールを明確に伝える

与えられた時間の中で、自分がどれだけしっかり作業を進められるかを意識しよう。そして飾ることなく、かつしっかりストレッチしたゴールを共有しよう。それはそのまま学習と成長の経験にもつながる。

3．適切に労務管理を実施する

働く時間の長さとストレスに意識を傾けよう。自宅だから集中できる場合もあれば、自宅だからストレスがたまることだってある。ストレスの予兆を感じた時点ですぐに相談することも必要だ。

4．部下を主役にするコミュニケーションを心掛ける

もしこういう対応をとってくれる上司の下についているのなら、あなたはずいぶん恵まれている。だからこそ、自分の思いをストレートに話してみよう。また、自分も相手の話し終わりを待つようにしたり、同意のうなずきをおおげさにするようにしてみよう。それは信頼関係を高めるのに、役立つはずだ。

テレワーク時代の「読み書き学ぶ技術」とは

これまでの仕事でも、ＯＡスキルは求められてきた。テレワークが主体になると、そのレベルはさらに高まっていく。そこで示したいのは、脱メンバーシップ時代の読み・書き・学ぶ技術の獲得と伸長だ。

①デジタル時代の読む技術＝情報収集力を高める

もしあなたが上司に「この企業の業績について調べておいて」と作業を指示されたとしたら、まず何から始めるだろう。もちろん、期限、目的、誰のために必要か、まとめる際の

フォーマットなどについては確認したうえでだ。

普通ならＧｏｏｇｌｅ検索を使って企業ホームページを見てみたり、対象が上場企業であればファイナンス系のサイトで情報を収集したりするだろう。慣れている人であれば、そこからＩＲ資料や財務諸表などを複数年分ダウンロードするかもしれない。無料でダウンロードできる有価証券報告書を読み込み、損益計算書や貸借対照表の経年推移も見るだろう。

もしあなたがそういうふうに作業を始めるとしたら、少々まじめすぎるか、あるいは自分の能力を信じすぎているかもしれない。

デジタル時代においては、無知の知、から始めることお勧めしよう。

そもそも、自分で調べられることには限界がある。また、無料で探せる情報にも限界がある。たとえばもし日経テレコンのような有料サイトの契約をしていれば、新聞や雑誌の記事から関係する事象の検索ができる。

証券会社に口座を持っていれば、アナリストによるレポートを確認することもできる。時にジャーナリストや研究者が、あなたの求める情報についての分析をすませているかもしれない。しかしそれが雑誌の記事や書籍であれば、物理的に入手しなければ確認することはできない。

デジタル時代だからこそ、インターネットなどのデジタルな世界で集められる情報と、そうでない情報とがそれぞれ存在することをまず念頭に置いておこう。

次に、欲しい情報をすでに知っている誰かがいることを考えよう。それは先ほどあげたアナリストかも知れないし、ジャーナリストや研究者かもしれない。その誰かにアクセスする方法を考えてみることだ。

また、デジタル時代には日本語以外へのアプローチも容易になっている。Google 翻訳やDeepL によるリアルタイム翻訳のレベルはすでに十分使用に堪えるレベルに達している。欲しい情報が日本語以外で提供されている可能性があるのなら、ぜひ試してみてほしい。

読むことの目的は、知識を得ることだ。さらにその背景にある文脈を理解し、本質にたどり着くことだ。そのためには、自分の頭だけではなく、他の誰かや先人たちの頭脳を活用すればいい。デジタル時代にはそのためのアプローチがいくらでも用意されているのだから。

②デジタル時代の書く技術＝意思決定を支援する

パワーポイントで美麗で詳細なスライドを作ることが時代遅れだといわれるようになった。しかし、それは一側面を示しているにすぎない。色使いが美しかったり、情報量が圧倒的だったりする資料が求められなくなったのは、資料の目的が意思決定にある、ということを皆が理解するようになったからだ。

特にテレワークの環境下では、空気感や情報を共有するためだけの会議や打ち合わせが行われなくなっている。読めばわかる情報は事前に読んでおいて、会議や打ち合わせでは意思決定することが求められるようになった。そこで求められるのは、たしかに過度の美麗さや詳細さではないだろう。

ただし、適切な粒度での情報がわかりやすく示されていることは必須となる。

たとえば新しい人事情報システムのパッケージを選定する会議で、現在の主要ベンダーすべてについて詳細な説明資料や、動画などのデモンストレーションを用意しても、意思決定には役立たない。

必要なことは検討チームの推薦する上位3社のパッケージの特徴を示し、優先順位付けした基準を説明することだ。意思決定に必要な情報を選別し示すことこそが、求められる成果なのだ。そのためには、どんな情報があれば決められるのか、という情報を求める側の立場に立った資料作成ができなくてはいけない。それこそが、デジタル時代の書く技術だ。

③デジタル時代の学ぶ技術＝上司を使いこなす

職務（ジョブ）型の会社で学ぶことの目的は、短期間での成果向上とそのための成長だ。だから、使える座学があればしっかり使いこなすべきだ。技能や知識は、まず優れた教師から体系的に学ぶことで習得しやすくなる。そして、それらの技能や知識は実践することで自分自身のものとして定着する。その基本はデジタル時代であっても変わらない。

重要なことは、そのための時間が限られており、速度が求められるということだ。

メンバーシップ型の会社では、一人前になるのに10年はかかる、というようなことがいわれたりする。それだけ猶予期間を与えられるということかもしれないが、それでは変化についていけなくなってしまう。それだけ会社によって業務の密度に差が生じ始めているのだ。

そもそも、職務（ジョブ）型の会社には基本的に新人枠はない。誰もがすぐにプロフェッショナルとして活躍することを期待されている。だからこそ、若いうちは下積みだから安い給与で我慢しろ、という仕組みを放棄できるのだ。

限られた時間で早く学ぶためには、学び実践するサイクルを短くすることが有効だ。そのために、あなたに仕事を与える上司を使いこなそう。上司側も会社から部下育成を期待されているので、互いの思惑はＯＪＴの中で一致するだろう。

そもそもＯＪＴは、上司側が意識するだけでは不十分だ。ＯＪＴを受ける側こそが、ＯＪＴを活用しなくてはならない。学生時代に難関試験を乗り越えた人ならわかるだろう。教師が工夫して、学生が試験を乗り越えるのではない。学生が教師を利用して、試験を乗り越えるのだ。

メンバーシップ型においては、同じ等級同じ年次の従業員に同じ役割が求められてきた。しかし、職務（ジョブ）型では違う。あなたに求められる役割は、同期の誰かに求められる役割とは異なっている。だから、今何を学ばなくてはいけないかを知っているのは、あなたとあなたの上司だけだ。

2 「次のキャリアに向けた意識の変化」への対応

次のキャリアを用意するのは自分自身

メンバーシップ型から職務（ジョブ）型に変わることで、昇格や異動・配置のルールが大きく変わる。「彼もそろそろいい年だから」と言いながら昇進のチャンスを与えてくれることは激減すると考えた方がいい。

また、定期異動もなくなる可能性が高い。今の部署もそろそろ5年になるから、次はどこに異動だろう、と考えることがなくなるということだ。

もちろん、会社によってはこれからも会社都合で転勤や配置換えなどの異動が発生することもあるだろう。けれども、そこには2種類の極端な思いが含まれるようになる。職務（ジョブ）型に変わった際に会社都合で異動させられるのは、将来を期待されている有能な人材（タレント）か、今の場所で使い物にならないから異動させられるやっかいものか、そのどちらかだ。

そもそも欧米では、2000年前後からその流れは強まっていた。[12] 企業側が優秀な人材を探し、採用し、育成し、活躍させ、できるだけ長く貢献してもらえるようにするための取り組みがまさにタレントマネジメントだ。そのためには全員を公平に扱うのではなく、まるでえこひいきするかのように人物を特定してチャンスを与えていく必要がある。

もし社内に十分なタレントがいないのなら、積極的に外部から採用されるようにもなるだろう。新卒から時間をかけて育てている暇はないのだ。他社で育った有能な人材に、新しいチャンスと今まで以上の報酬を示すことで引き入れることを、どの会社も考えるようになる。

だとすれば、私たちはどのように備えるべきだろうか。個別の要素ごとに具体策を示すが、その前提には「キャリアを自分自身で考える」という意識の変化が必要になる。

12 エド・マイケルズ他著『ウォー・フォー・タレント 〝マッキンゼー式〟人材獲得・育成競争』2002年、翔泳社

昇格に備える
――日本でマネジメント人材がますます求められている理由

会社から有能な人材として扱われる人が、チャンスを得て昇格してゆく。その中でわかりやすいシンプルな方向性はマネジメント人材だ。

いや、モノづくりで伸びてきた日本の強みは、職人技やこだわりの意識にこそある、と反論する人もいるかもしれない。

しかし「そうではない」と断言しよう。

1990~2020年にかけて、先進国の中でも日本のGDPの伸び率が低く、アメリカや中国の伸び率が高かった理由はなにか。それは、新しい産業を生んできたかどうかだ。

たとえば2020年8月時点の世界時価総額ランキング上位10社の創業年を見てみよう。

アップル　1976年
サウジアラムコ　1933年
アマゾン　1994年

マイクロソフト　1975年
アルファベット　1998年（Google として）
フェイスブック　2004年
アリババ　1999年
テンセント　1998年
バークシャー・ハサウェイ　1839年
テスラ　2003年

一方で同時期の日本企業時価総額上位10社を見てみよう。

トヨタ　1937年
ソフトバンクグループ　1981年
キーエンス　1974年
ソニー　1946年
NTT　1952年（日本電信電話公社として）
NTTドコモ　1991年

中外製薬工業　1925年（中外新薬商会として）
任天堂　1889年／ファミリーコンピュータは1983年発売
リクルート　1963年
ファーストリテイリング　1963年／社名変更は1991年
世界では上位10社のうち6社が1990年以降の創業であるのに対し、日本ではNTTドコモの1社のみ。あえてファーストリテイリングを含めても2社だ。
これからの日本に求められるのは、確実に経営者なのだ。それも創業し、成長し続ける原動力となる強力なリーダーシップを持った経営者なのだ。メンバーシップ型の企業の中では、そのようなタレントが育つことはとても難しかった。年功を前提とする組織においては、変化を前向きにとらえ、過去の否定すらするような新しい考え方を積極的に取り入れることは困難だからだ。
失われた30年は、当然ともいえる帰結だった。
今、コロナショックによる気づきと脱メンバーシップは、私たちに変革のチャンスを与えてくれたものだと考えよう。私たちはこのチャンスを生かして、経営者になるために備えなければいけない。必ずしも社長になるということではなく、仮に役員や部長、課長であったとしても、経営者の視点でものを考え、決断する人になるということだ。

そこで必要な方向性は、リーダーおよびプロフェッショナルとして活躍する姿だ。

異動に備える
――DX、人材多様化に対応していない部署からは異動希望を出すべき

あなたが今いる部署は、あなたが経営者として、リーダーおよびプロフェッショナルとして育つために最適な部署だろうか。

職務（ジョブ）型の時代には、あなたに順番を回してくれる人はいない。自分から手をあげていかなければいけないし、時には競争に勝たなくてはいけない。そのためには、環境としての部署の可能性と、あなたのライバルの存在とで考えてみよう。

あなたがいる部署に対して考えるべきは、転職先を検討する基準と同様だ。詳細はのちほど「脱メンバーシップ時代の職業選択」の項目で説明するが、基本はＤＸ（デジタルトランスフォーメーション）に先進的に対応しているか、人材多様化に対応しようとしているか

だ。そのいずれかで可能性があるようなら、その部署で頑張った方がいい。しかしそうでないなら、異動希望を出すか、少なくとも先進的なプロジェクトに手をあげるべきだろう。

また、あなたとライバルの関係はどうだろう。ライバルの方があなたよりも圧倒的に優れているような状況であれば、競争するよりは仲間になった方がいい。そして、ライバルとは別の尺度で戦うことを目指そう。

なお、ライバルとは年次の近い人だけを指すのではない。むしろ、10歳以上若い後輩が強力なライバルになることが増えている。後輩だからといって「出る杭を打とう」とするのではなく、ともに学び高め合える存在を目指すことも必要だ。

業界内転職に備える
——経営層になれるチャンスがあれば、意欲的に

同じ業界内で転職を目指すのなら、経営層になれるチャンスで考えなくてはいけない。結果として経営層になれなかったとしても、経営層になるために備えた技能や知識はあなた自身をより高みにつれていってくれる。

自社の自部署をクールヘッドで判断し、次のキャリアに向けて最適な場所でない場合、まず同業界内での転職を考えるべきだ。なぜなら持ち運んでゆける技能や知識が多いからだ。業界内で転職を考える際にも、もちろん「ＤＸ（デジタルトランスフォーメーション）」と「人材多様化への対応」の視点で見なくてはいけない。ＤＸにも多様化にも対応していないけれど安定的大企業だから大丈夫だろう、と転職してしまうと、その後の10年間を棒に振る可能性だってある。

もちろんあなた自身がそれらの変革を主導する役割を期待されて転職するのならその選択も十分にあるとは思うが、その際の必須ランクは決裁ができる役職だ。稟議を起こすだけの立場から、短期間に変革を起こすことは難しい。

スキルモビリティを考える
——今の会社に一生いるならメンバーシップ型のキャリアを

キャリアを考える際に、あらゆる技能、知識は、持ち運べるかどうかという視点で見なければいけない。それらがあなた自身の将来の可能性につながる。

ここでも大きな常識の変化がある。私たちはビジネス生活において、まず新人として教育を受け、知識を得て、技能として成長させ、個々人の技量として成長させていくことを当然だと考えているだろう。しかしそこで身につけた知識や技能や技量は、同じ業界であっても社外に持ち運びづらい場合が多い。また業界が変わってしまうと、ほぼ使えなくなることだってある。それは学生時代に学んだ知識や技能がそのままでは会社で使えないことからもわかるだろう。

しかしアメリカやヨーロッパのように、学生時代にもインターンなどで知識や技能を身につけたり、そもそも取得した学位に基づく職務を選択して就職した場合には、世の中一般で活用できる知識や技能をその会社向けにアレンジしていくところからキャリアを始めることになる。そして技量にまで昇華させてゆく際には、あらためて業界や世の中一般に活用できるような技量を目指すことになる。

ちなみにこのような比較をすると、職務（ジョブ）型のキャリアが優れている、という結論を言いたいのでは、と考える方がおられるが、それほどシンプルではない。たとえば技量・技能・知識を縦軸にし、横軸に社内・業界内・社外一般と置いてマトリクスを作ってみ

図5
社内中心？ 社外中心？ キャリアの考え方は

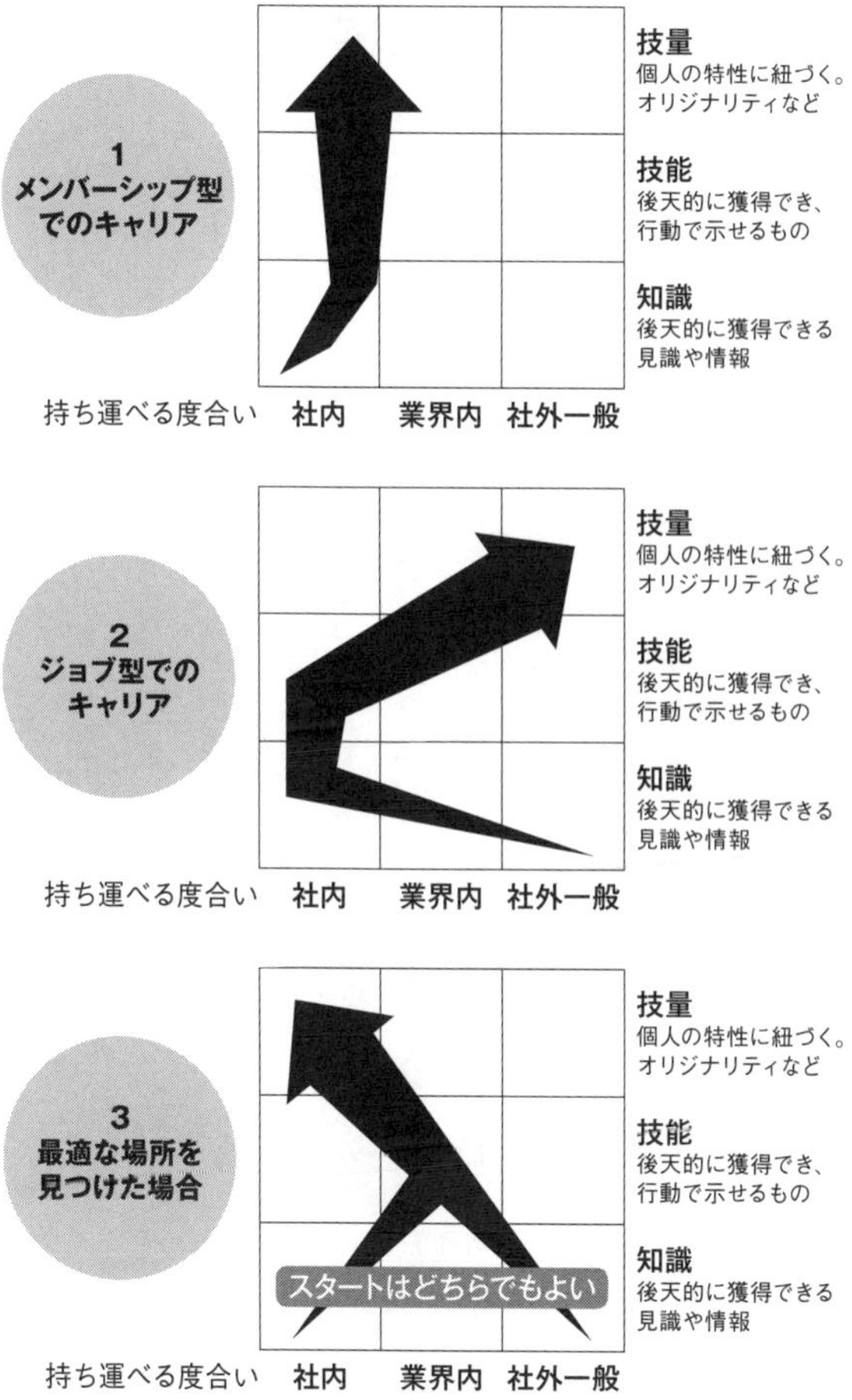

よう。この時、左上の「社内・技量」のマス目にまで成長できる可能性が高いのは、明らかにメンバーシップ型なのだ。つまりメンバーシップ型のキャリアの方が、職務（ジョブ）型のキャリアよりも、社内での技量は圧倒的に高くなるということだ。その観点では、社内でキャリアアップしやすいのは圧倒的にメンバーシップ型に他ならない。

職務（ジョブ）型のキャリアは、広く一般的に活用できる技量を手に入れていくが、腰を落ち着けて成果を出すことにかけては、メンバーシップ型よりも劣る点に気をつけなければいけない。仮にあなたが自分にとって最適な場所を見つけ出し、そこで最後まで勤め上げようと思うのなら、最終的なキャリアはマトリクスの左上、社内・技量に特化したものを目指すべきだろう。

仮にあなたが職務（ジョブ）型のキャリアを目指すとすれば、それはどこか一社に定住するのではなく、いつまでも自分を中心に活躍する場所を変えていくキャリアを選ぶということだ。そこには年功も安定も存在しないが、自由がある。どちらを選ぶかの軸はあなた自身の中にあるはずだ。

スキルの前提となるキャリアの目的 ——カラーテレビと出世の相関性

キャリアの先に何を見据えていくか。メンバーシップ型とか職務（ジョブ）型とかの区分よりも先に、私たちはそのことを考えなければいけない。

男性中心、年功序列の時代のキャリアの先にあったものはなんだったろう。

家電製品や車などの物質的な商品の獲得や、衣食住に反映されるより良い生活などだろうか。そんなステレオタイプな人たちが当時どれだけいたかはわからないが、あえて定義するなら、同質的な安心と、わずかな競争とによって構成される満足こそがキャリアの目的だったといえるだろう。本当にカラーテレビが欲しいのではなく、周りが持っているのに自分だけ持っていないことが耐えられないから努力した、という構図だ。

たとえば社内の出世競争でもそうだ。新卒一括採用と年功主義は、同期同士でわずかに競争させながらも、ほぼ安定的に昇給する仕組みとして、安心と満足とを両立させてきた。たとえ同期に勝たなくても、負けないことがモチベーションの源泉になったのだ。また、男性

図6
キャリアアンカーとスキルポータビリティ

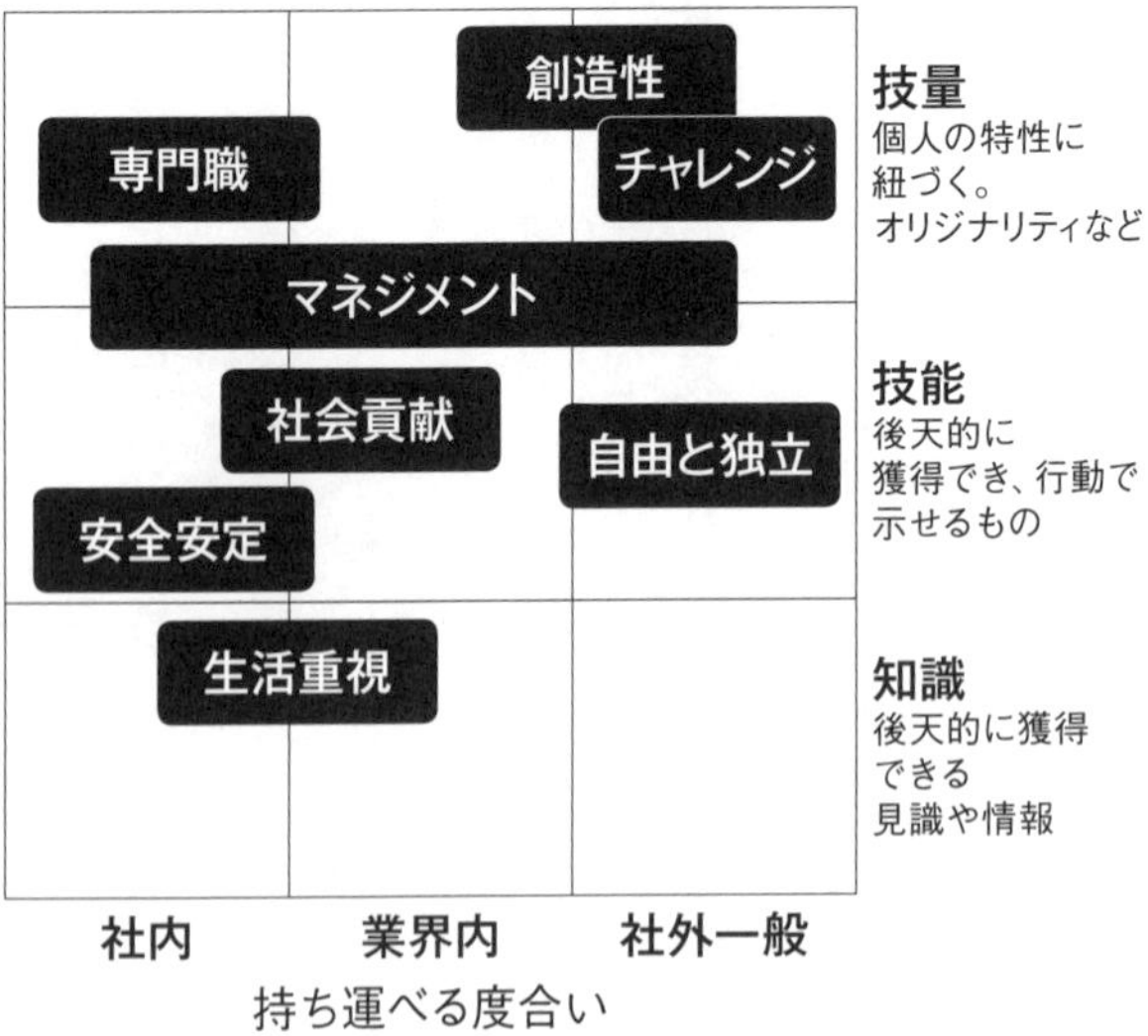

中心主義は、働く男性たちに妻子を養っているというプライドを与えることで、家庭内においても年とともに上がってゆく立場を構築させた。

わかりやすいキャリアの目的がそこにはあった。

しかし現在はどうだろう。

ミレニアル世代（１９８１〜95年生まれ、２０２０年時点で25〜39歳）からZ世代（１９９６〜２０１２年生まれ、２０２０年時点で8〜24歳）に至る変化を見ると、明らかな変化がある。安心と満足の定義がそもそも異なるようになった点だ。

雇用が確保され、将来にわたって年功で給与が増え続けることが安心につながったメンバーシップ時代に比べ、ミレニアル世代やZ世代は、わかり合える仲間とつながり続けることが安心となる。

物質的な欲望を満たすこと、周囲の人に負けていないこと＝身近なところでの競争に勝つことがモチベーションの源泉だったメンバーシップ時代に比べ、ミレニアル世代やZ世代は、それぞれ独自の満足の方向性を持つようになった。

たとえば、キャリアアンカーという概念で比較してみるとわかりやすい。この概念がアメリカで提唱されたのは1985年だが、日本に持ち込まれたのは2003年[13]だった。マネジメント／専門職／安全安定／創造性／自由と独立／社会貢献／チャレンジ／生活重視、という8つの区分がすべてを網羅しているわけではないかもしれないが、メンバーシップ時代のキャリアの方向性が「マネジメント」か「安全安定」のいずれかだけだったことに比べる

13 エドガー・H・シャイン『キャリア・アンカー 自分のほんとうの価値を発見しよう』2003年、白桃書房

と、多様性を増していることは確実だ。

私は何のために生きるのか。

その問いに答えるには、自分が欲しているアンカーだけでなく、まだ見ぬ先のゴールが必要だ。それをかつてはビジョン、ミッションと定義していたが、今はさらにその上位概念として目的（パーパス）というようになった。

あなた自身のキャリアの目的（パーパス）はなんだろうか。それによって求められるスキルタイプも変わってくる。

たとえば従来型のマネジメント（管理職）に求められるスキルはどちらかといえば左上の社内・技量と技能との中間くらいに位置していた。技量にまでたどり着いていなくても、社内にネットワークを持ち、誰がキーパーソンなのかを熟知している状態がそこに位置づけられる。そうして社内の出世競争に勝つこと自体がマネジメントにまで出世する目的だった。

しかし今の先進企業のマネジメントに求められるスキルは、マトリクスの右側に移りつつある。社外一般で活用できる技量や技能が求められるようになっている。あなたがプロフェッショナル経営者、プロフェッショナルマネジャーを目指すのなら右寄りのスキル獲得を目指さなくてはならない。

もしあなたが自由と独立を求めるのであれば、社外一般で通用する技能が必要だ。そこで技量にまで高めることができれば、創造性やチャレンジも可能になってくる。そのためには右上を目指すことが有効だ。

しかし社内で活躍できる専門職を目指すのなら、ある程度フィールドを限定した方が成果の質が向上しやすい。そのため、社内・技量を伸ばす選択肢もあるだろう。

目指すキャリアが多様化しているということは、パーパスに合わせて発揮すべきスキルが変わるということでもある。だからあらためて、自分自身のキャリアの目的を考えてみよう。

3 「昇給額を含めた年収に対する意識の変化」への対応

時間給からの脱却

「それぞれの場所」「それぞれの時間」で働くことになって、生活給&時間給からの脱却が一気に進む可能性が高い。

まずは、働く側の私たちが時間給から脱することを目指そう。

世の中の流れも脱時間給を後押ししている。「メンバーシップ雇用の正社員ならサービス残業は当然」という間違った古い認識の会社は減少し続けており、求人広告でも残業について言及する会社が増えた。残業が多い会社では、そもそも残業見合手当をあらかじめ支給するようになっている。残業自体を禁止する会社も増え始めている。

政府も労働時間に対する規制を強めている。

2017年の働き方改革実行計画、2018年からのいわゆる働き方改革関連法案（「働き方改革を推進するための関係法律の整備に関する法律」）などの動きはテレワークに対して追い風だし、メンバーシップ型の雇用こそが30年間伸び悩んだ低い生産性の元凶だ、という議論すらあった。

今では残業時間が月60時間以上になると、それまでの残業加算25％の割合が50％になる。100時間以上の残業が認められるのは実質的に年に1か月のみだし、月45時間以上の残業でも年6か月が上限と定められるようになった。そのために就業時間管理を徹底する動きが進んでいた。

しかしそこにコロナショックが起きたため、就業時間管理があいまいになろうとしている。厳密に管理しようとする会社もあるが、たとえばPCを使わない作業について管理は可能だろうか。実質的な裁量労働である高度プロフェッショナル制度（2019年4月施行）では、労働時間ではなく、健康管理時間の把握と休日付与、健康福祉確保措置の実施、苦情処理措置などを必須対応として定めるようにしている。むしろ、そちらの方が現実的だという意見もあるくらいだ。

そんな状況の中、私たちは時間給から脱することができるだろうか。意識を変える準備度合は、例えば次の質問に対して、どう答えるかでわかってくる。

質問：あなたは次のどちらの仕事に就きたいと思うだろうか。

A：一日の労働時間は7時間で、月曜から金曜まで勤務。

やるべき仕事はルートセールスと新規開拓で、1日あたり10件の決まったお客様を訪問して注文をとることと、会社が用意する3件の新規見込み先に訪問して提案をすること。

月給は30万円で残業をしたら残業代が出る。ただし、きっちり回れば残業はないはず。

新規見込み先の受注を得る確率はおよそ10％。


B：労働時間は自由。出勤日も自由。

やるべき仕事はルートセールスと新規開拓で、1日あたり10件の決まったお客様を訪問して注文をとることと、会社が用意する3件の新規見込み先に訪問して提案をすること。新規見込み先の受注を得る確率はおよそ10％。

月給は25万円で、新規見込み先から受注に成功した数が月4件を超えると1件ごとに2万円支給。

AとBを比較して、どちらが働きやすいと思うか。どちらが働き甲斐があると思うか。その答えは人によって異なるだろう。

より詳細に比較すると次のような計算になる。

会社側が新規見込み先を安定的に用意してくれる限り、条件はそれほど変わらない。なぜなら3件×22日(月平均労働日数)×10%＝6・6件であり、受注成功手当は(6・6－4)×2万円＝5・2万円となる。つまり、Bでも月給は30・2万円となり、Aの30万円とほぼ変わらないからだ。

しかし新規見込み先の件数が減ったり、平均成約率の10%よりも低い成約率でしか営業ができないようであれば、30万円＋残業代がもらえるAの方が条件が良いということになる。反対に成約率を高くできるのならBの方がよいだろう。

このような給与の仕組みにメンバーシップ型、職務（ジョブ）型、という区分は関係しない。メンバーシップ型でもBのような給与体系の会社もあるし、職務（ジョブ）型でもAのような給与体系の会社はある。メンバーシップ型と職務（ジョブ）型の違いは、残業代やインセンティブの計算基準ではなく、従業員の仕事全体に対する金額設定時の違いであり、採用・昇給・昇格時に強く影響するものだ。

かいた汗は評価されるべきか

仮に、あるメンバーシップ型の会社でAの人事制度からBという人事制度への転換があったとしよう。

会社には、もちろん優秀な従業員と普通の従業員が働いている。

優秀な従業員は、時間内に仕事をこなし、月10件の成約をしている。

普通の従業員は、毎月10時間の残業をし、月4件の成約をしている。

この会社でAタイプの人事制度が施行されていた時代、優秀な従業員は月給30万円。普通の従業員は月給30万円＋約2・4万円（残業代）＝約32・4万円となり、優秀な従業員の方が普通の従業員よりも給与が少なかった。

そこで会社が人事制度を変えてBタイプにすると、優秀な従業員は25万円＋12万円（超過6件分の成約手当）＝37万円、普通の従業員は25万円＋約2万円（残業代）＝27万円となる。

優秀な従業員の割合が少なければ、会社の人件費は増えない。また普通の従業員が成約数を増やしてくれればそれはそれで会社は儲かるので、人件費の率としては大きく変化することはないだろう。

なるほど、だとするとAはやはり間違っているし、Bの方が正しい、と思う人が多い、と思えるはずだ。けれども人間の心理はそうは動かない。

実際、メンバーシップ型の典型的な会社では、Aの制度のままで、別の対応をとっていた。優秀な従業員を早く出世させ、より高い肩書と給与で処遇していったのだ。

なぜそうせざるを得なかったかといえば、普通の従業員の方が長い時間まじめに働いていることを、みんな見ていたからだ。同じ時間、同じ場所にいるからこそ、長時間働いていることが美徳に見える。短時間で成果を出している人を、うさんくさく思う風潮すらあった。

テレワークでは働く姿が見えないから、かいた汗も見えなくなる

しかしそれぞれの場所、それぞれの時間で働くようになると、どれだけ時間をかけているかは見えづらくなる。その一方、どんな成果が出ているのかは誰にでも見える。結果として、優秀な従業員の成果は高く評価され、普通の従業員はそこそこの評価に落ち着くことに

なる。

よって、ごく当たり前のように、脱時間給化が進むことになるのだ。

仮に、作業に手間取って仕事が長引いたとしよう。その理由が自分の勉強不足であったとしても、会社で働いていれば頑張っているように見える。しかしテレワークの状態では、その頑張りが見えず、単に長時間残業をしているという数字だけが残る。その際に、作業に時間がかかったから、という理由を告げたところで「普通の人はこれくらいの時間で終わるはず」という標準形と比較されてしまうので、勉強不足が露呈してしまうことになる。それでも残業制度のもとでは残業代が支払われるだろうが、高い評価にはつながらなくなるのだ。

年功主義と生活給、時間給という概念があいまって、漠然とした中への期待に対する給与支給だという考え方もできる。仲間だから、仮に今多少仕事ぶりが悪くても生活は同じだけ保障すべきだ。仮に他の人たちよりも成果を出せたとしても、分かち合うべきだ。過去の貢献があり、将来の期待がある。だからあたかも田畑でとれた農作物を皆で分け合うように、メンバーとして分け合うことを前提に給与の仕組みが設計され運用されてきた。

しかし脱メンバーシップ型の仕組みにおいては、過去の貢献も将来の期待も反映せず、今どれだけ成果を出したのか、ということを見るようになる。雇用も時価で取引されるようになるのだ。

そのような変化は確実に来る。

賞与払いのローンができなくなる、ということ

賞与についてはコロナショックが一段落すると、以前と同じような仕組みに戻るとみる人も多い。しかし現在の検討の流れからすると、一部の会社で賞与制度を廃止して年俸制に移行する動きが増えるだろう。あなたの会社がもしそうなら、どう対応すべきかを書いてみたい。

そもそも夏冬賞与の仕組みは日本独自のもので、太平洋戦争後に主に組合運動によって広まった仕組みだ。戦後復興から高度成長に至る過程の中で生まれた会社の利益を前提として、基本給を引き上げて人件費負担リスクを高めたくない経営側と、生活水準を引き上げるための総報酬額を高めたい労働者側との交渉によって、盆暮れに合わせた一時金として支給され始め、今に至る。

しかしメンバーシップ型の人事に対する対義語のように職務（ジョブ）型が語られている現在、賞与の仕組みも世界標準にしていこうとする動きがある。そして世界の賞与の仕組みを見てみれば、基本的には年度末の利益配分賞与のみだ。支給対象はおおむね管理職以上で、配分額を調整するための評価も行わない。賞与原資をベースに、それぞれのランクに応じて一定額を配分することが多く、その額も毎年安定しているわけではない。あくまでも賞与、なのだから。

とはいえ日本の賞与の仕組みが業績に対するバッファとして機能していたことから、そこまで一気に変えようとしない会社も多いだろう。たとえば年収６００万円を支払うとして、これまでは35万円×12か月＋賞与年間約５か月分（夏冬それぞれ90万円）＝６００万円としていた会社が、50万円×12か月＝６００万円、とすることに躊躇するからだ。

ただ、実際にそのような制度改定をする会社が出てきていることもまた事実だ。会社にとっても労働者側にとっても、経営あるいは生計のバッファだった賞与の仕組みがなくなるとき、個別に貯蓄などで対応することが求められるようになる。

ジョブ型志向がもたらす退職金のない未来

いわゆる職務（ジョブ）型を志向していくと、世界標準では退職金がない、という事実を知る経営者も増えてゆく。日本の退職金制度は、メンバーシップ型を構成する年功処遇の中に位置づけられるもので、戦後の労働争議の中、給与の後払い的性質から始まった。[14] 1970年代には導入率90％を超えた退職金だが、バブル崩壊後位置づけを多様化させてゆく。現状では退職金はあるものの、その水準が企業によってばらばらになっている。大手企業であれば、そもそもの退職金発祥時の「生涯を電気産業に捧げたる如き従業員に対しては定年退職後約10年間の生活保障をなす」という暫定協定をもとにおよそ退職時月給の60か月分相当を支給することが多いが、中小企業では1000万円に満たないことも多い。

一方、企業側の雇用義務が65歳まで延び、その後70歳までの就業機会確保が努力義務化してはいるものの、それ以降は自助努力が必要になる。

14　「退職金の歴史から学ぶ」https://kumitateru.jp/learn/history.html

70歳前半の健康年齢からその後の平均寿命まで10年以上の生活を保つために、年金以外に2000万円が必要だという数字が独り歩きしたが、確実に訪れる未来でもあると思う。詳細な対策については後述するが、意識としては、会社や政府に頼らない方法を考えていかなくてはならない。それもまた脱メンバーシップ型社会なのだ。

脱メンバーシップ時代の職業選択

自分の職業を把握してみる

『13歳のハローワーク』というベストセラー本がある。村上龍氏による著作であり、公式サイトも運営されている。[15]その中に人気職業ランキングというページがあるので、そこから上位10位までを引用してみよう。なお、このサイトの素晴らしい点は、それぞれの職業について詳細な記述がある点だ。そこからいくばくかの数値も引用して、記載してみる。

13歳のハローワーク公式サイト　人気職業ランキング（2020年8月1日〜8月31日）

1位　薬剤師　28万8151人　男女比4：6　平均年齢36・3歳

15　https://www.13hw.com/home/index.html

平均月収36万3053円

2位　公務員［一般行政職］　400万人以上　平均年齢43・3歳
平均月収42万1861円（全地方公共団体の一般行政職）

3位　金融業界で働く　143万6620人（金融・保険業従業者数）
都市銀行クラスの30歳で年収800万円

4位　看護師　76万2221人　男性は4・2％　平均年齢35・8歳
平均月収31万6000円

5位　編集者　9万5899人
30歳推定年収　大手出版社800〜1000万円　中小出版社300万〜600万円

6位　医師　26万2684人　平均年齢41・8歳　推定平均年収1228万円

7位　臨床心理士　1万3253人　年収200万〜1000万円

8位　プロスポーツ選手　1万3431人　スポーツにより異なる

9位　警察官　28万5112人

35歳巡査部長モデル月給40万円　年収660万円

10位　保育士　66万5686人　男性は2・4%　平均年齢32・3歳

平均月収22万4600円

11位以下には以下のような職業が続く。水族館の飼育係／ユーチューバー／ファッションデザイナー／外交官／声優／建築家／イラストレーター／グランドホステス／美容師／パティシエ／獣医師／作家／ゲームクリエイター／漫画家／胚培養士／PA［音響］／小学校教師／アニメーター／インダストリアルデザイナー／インテリアコーディネーター／司書／大工／ホテルで働く／動物園の飼育係／ミキサー／芸能マネージャー／通訳／スクールカウンセラー／犬の訓練士／歌手／カメラマン／理学療法士／メイクアップアーティスト／保健師／パン職人／中学校・高校教師／アナウンサー／NASAで働く／精神科医／留学コーディネーター

さて、ここであなたに2つの質問をしたい。

最初の一つは次のようなものだ。

「あなたの職業は何か」

職業ごとの人数は、労働政策研究・研修機構が示してくれている。同機構によれば2019年平均の雇用者数は6724万人。[16] その中で人数が多い順に職業を上げると次のようになる。

事務従事者　1319万人
専門的・技術的職業従事者　1174万人
生産工程従事者　907万人
販売従事者　856万人
サービス職業従事者　850万人
運搬・清掃・包装等従事者　491万人
建設・採掘従事者　293万人
輸送・機械運転従事者　221万人
農林漁業従事者　217万人
保安職業従事者　132万人
管理的職業従事者　128万人

分類不能の職業　　　　　　　　　　　　135万人

圧倒的に多い職業は事務従事者であり、本社管理系であればさらに総務系、経理系、営業系などに区分されることになる。また、業界別の区分も可能だ。それぞれの業界ごとに求められる知識は異なり、積むべき経験も違う。たとえば、不動産会社の事務職と専門商社の事務職と自動車製造業の事務職はそれぞれ異なる。

その違いを前提として、二つ目の質問をしよう。

「あなたの職業でこれから新しく求められる知識やスキルやつながりは何か」

それを得るための行動が、今考えるべき最優先のものだ。そしてあなたの会社の経営層や人事部も、もちろんそのことを重要視して求め始めている。

35歳自動車メーカー人事係長の「職業」は何か

たとえば、大手自動車製造業の35歳人事係長で考えてみよう。

16　https://www.jil.go.jp/kokunai/statistics/chart/html/g0006.html

今は人事課に所属しているが、最初の配属は営業だった。自社系列のディーラーを訪問しながら、ディーラーでの販売実績をまとめて報告することが主な業務だった。多くのディーラーの営業責任者や工場長たちとつながりを持てたことが大きな価値になると感じていた。営業で3年を過ごした後に配属されたのは、広報部だった。営業の経験を踏まえ、新しいCMに携われる機会も与えてもらい、自社の強みについてしっかりと自分の言葉で語れるようになったのが良い経験だと感じていた。30歳の異動では総務に配属された。初めての管理部門だったが、会社の全体像がわかるとともに、誰がどこでどんな仕事をしているのか、ということも具体的にわかるようになってきた。人事や経理に配属された同僚とも情報共有しながら、次の時代の自動車製造業のあり方について議論することも増えた。そして34歳で人事に異動し係長に昇進した。あるべき会社の方向性を考える重要な役割を担うタイミングが来た、と強く感じるようになった。

さて、自分自身の職業は……人事の専門家、というにはまだ経験が足りない。これまで経験を積んできた営業、広報、総務……どれもしっくりこない。あえて言うなら自動車製造業の従業員です、ということになるのだろうか。

そしてこれから新しく必要になる知識や経験やスキルは……そういえば社長は移動手段としての車を提供する会社から、人々の生活そのものを支える会社に変わっていく、と言ってたな。となると、これまでのディーラーとの関係も変わるんだろうか。打ち出す広報スタイルも違うものだろうか。競合他社として他の自動車メーカーじゃなくて、電力やガスなどのインフラ企業とか、生活家電メーカーをあげていたけれど、じゃあ何をすればいいんだろう。新しく求められる行動っていったいなんなのか。考えるほどにわからなくなるような気がする……。

あなたが自分の職業をどのような言葉で話そうとも、それ自体は何ら問題ない。●●株式会社の正社員、ということでもよいし、商社マンとかバンカーのように、業界を語ってもよい。あるいは独自の専門性をもとに、マーケターであるとかシステムエンジニアとかでもよいのだ。

重要なことはその先、二つ目の質問にある。

新しく求められる知識やスキルやつながりは何か、ということだ。

私たちはどうしても、自分が過ごしてきた経験を大切なものだと考えがちになる。それはごく自然なことだし、そうしたバイアスによって直観を育てたりもする。

けれども今世界で起きている変化は、これまで得た経験の先について考えることを求めている。自動車製造業で働いている個人は、自分がこれからも自動車製造業の一員であるべきなのかどうかを考えなくてはいけないのだ。

汎用的な職業がなくなりビジョンから逆算されるようになる

そうして考えていけば、やがて一つ目の質問についての答えが変化するはずだ。

自動車製造業の従業員、という定義はわかりやすかったが、これから求められる行動が自動車製造業からの進化であるとするなら、それは果たしてこれまでと同じ言葉で語るべきものだろうか。いや、むしろ別の言葉を積極的に使うべきだろう。

たとえばトヨタは「クルマを作る会社」から「モビリティカンパニー」へと変貌しようとしている。そこで考えられているモビリティの手段はすでにクルマだけではない。空飛ぶクルマを、果たしてクルマと呼んでいいのだろうか。さらにいえば、ひょっとしてどこでもドアみたいな研究開発を進めている可能性だってある。かつてソニーが、まじめに超能力を研究していたように。

あなたもそうだし、わたしもそうだ。私たちの職業は、過去の延長線上に定義するものではなく、あらためて自分のために定義するものでなくてはならない。

職業に影響をおよぼす7つの環境変化

自社や自社を取り巻く業界の変化を考えるとき、私たちはより大きな変化の流れを理解しておかなくてはいけない。ＡＩを含むＩＴの発展が職業にどのような影響を与えるのかを分析したマイケル・オズボーンは、２０１７年に新たな論文を発表している。[17] 彼がそこで示しているのは７つの環境変化が与える影響だ。それらを要約してみよう。

17　The future of skills: Employment in 2030

「環境の持続可能性」

多国間で合意はしているものの遵守は不十分。また政治的な影響を受けやすい。

「都市化」

世界人口の半分以上が都市に住んでおり、2050年には70％を超えるだろう。知識集約産業がさらに集まるが、国ごとの財政政策やインフラ整備の影響がリスクとなる。

「不公平感の増大」

所得・富の格差が上昇し、中間層は圧迫を受ける。教育、医療、社会サービス、消費における格差がさらに拡大する。

「政治的不確実性」

地政学的不確実性は高止まりしている。その結果、防衛、金融、建設、エンジニアリング、ヘルスケアなどの経済活動にマイナスの影響を与える。

「技術的変化」

技術の進化が雇用に与えるプラスとマイナスの影響が検討され続けている。

図7
7つの環境変化の影響を考える

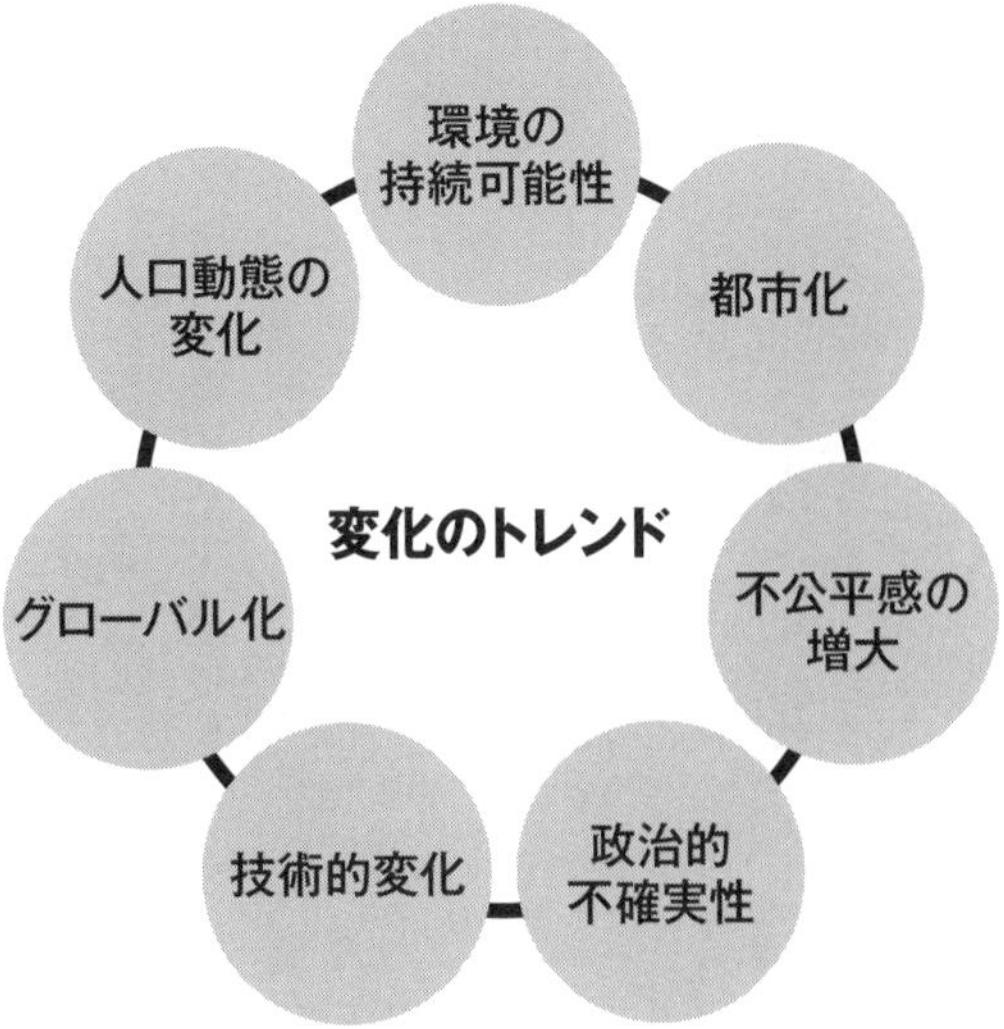

「グローバル化」
特に労働市場のグローバル化が進む。知識集約のメリットもあるが、コスト面などの課題が顕在化。
「人口動態の変化」
進む高齢化による影響と、多様化する若者世代の台頭とのギャップ。

今回起きたコロナショックは都市化とグローバル化を前提として大きな影響を及ぼした。日本では首都圏や京阪神、名古屋、福岡などの都市部において密接した働き方をしていたが、それらが一時的に禁止される事態となった。

海外からのグローバルな観光需要により成長を続けていた宿泊、飲食、小売業は、国際移動が禁じられることで壊滅的打撃を受けた。

そしてそれらを、映像接続型の通話やクラウドでのファイル共有などの技術的変化により乗り越えてきた。変化は私たちにマイナスの影響を及ぼすだけではない。プラスの影響も及ぼすからこそ、それらの変化を意識しなくてはいけない。

イギリスとアメリカで需要が高まるスキル

オズボーンの分析では、今後必要になるスキルについての言及もある。その分析を通じ、スキルセットから推測される職業要素も示している。

今後必要になるスキルについて、アメリカとイギリスでの分析が行われている。それぞれ見てみよう。なお、※はアメリカ・イギリス双方に含まれているスキルだ。また、技能および知識はそれぞれ後天的に獲得可能なものであり、技量とは個人の特性に基づき獲得するものをあらわしている。

例)「戦略的な学習」(技能)や「心理学の知識」(知識)は普遍的に学ぶことができる。しかし「オリジナリティ」(技量)や「流暢な発想力」(技量)は学ぶことができるものではない。

「アメリカ社会で将来需要が高まると思われるスキル」

1 戦略的な学習(技能) ※
2 心理学の知識(知識)
3 技能の指導(技能)
4 社会的知覚スキル(技能)
5 社会学と人類学の知識(知識)
6 教育訓練知識(知識)
7 コーディネーション(技能)
8 オリジナリティ(技量) ※
9 流暢な発想力(技量) ※

10　アクティブラーニング（技能）※

これらを読み取る限りでは、キャリアを踏まえて戦略的に学び、心理学により周囲の人の心をおもんぱかる方法を知り、それらの技能を教育していく職業がこれからのアメリカで一層求められるようになるということだ。他にも「社会学と人類学の知識」「教育訓練知識」「コーディネーション」「アクティブラーニング」など、他者を理解し教育することが重要視される可能性が高いスキルが並んでいる。

一方でイギリスはどうだろう。

「イギリス社会で将来需要が高まると思われるスキル」

1　判断力と意思決定力（技能）
2　流暢な発想力（技量）※
3　アクティブラーニング（技能）※
4　戦略的な学習（技能）※
5　オリジナリティ（技量）※
6　システム評価（技能）

7 演繹的推論（技量）
8 複雑な問題解決能力（技能）
9 システム分析（技能）
10 モニタリング（技能）

こちらの一覧からは、能動的に学びながら豊かな発想を膨らませつつ、適切に判断し意思決定する職業がこれから求められると読み取れる。アメリカと比べると、教育的な側面は影を潜め、演繹的かつシステム的な思考によって複雑な問題を解決し、自ら意思決定することが重視されている。

GAFAに代表される先進的企業を擁するアメリカでは、多様性を軸とした社会的なつながりの確保と教育が求められていくのに対し、金融を主産業とするイギリスでは個人による課題解決力の伸長が求められていく、というふうに読むこともできる。

日本で同様の分析をするとまた異なる結果が生じるだろうが、この二国の傾向から、「周囲に働きかける」か「個人の判断力を研ぎ澄ます」という選択肢があることはわかるだろう。そして、これらはそれぞれ「リーダーとしての活躍」と「プロフェッショナルとしての活躍」をイメージさせる。
アメリカとイギリスそれぞれにおいて「架空の新しい高需要の職業」に最も近い現在の職業として、次のようなものがあげられている（体を動かすタイプの職業についてはここでは割愛する）。

アメリカ

●航空宇宙エンジニア
●電気エンジニア
●化学エンジニア
●原子力エンジニア
●高等教育における工学教育者
●高等教育におけるコミュニケーション教育者
●高等教育における家政学教育者
●高等教育における図書館学教育者
●宗教活動と教育における責任者

- 人材開発の専門家

イギリス

- 芸術家
- 花屋
- 仕立屋
- 料理人
- 写真家／動画撮影者
- マーチャンダイザー
- 小売業責任者
- 営業責任者

これらはそのままの職業ということではなく、提供する成果もまた異なるだろう。たとえば、アメリカのエンジニアは技術を掘り下げるだけでなく「周囲に働きかける」ことによる影響などを考えていくことになる。高等教育者などもまた同様だ。

イギリスの花屋や仕立屋、料理人などは「個人の判断力を研ぎ澄ます」ことによって、それぞれが作り出す製品のその先の価値を考えることになるだろう。

今存在しない仕事を考え出すことはできない。けれども、そこで求められるであろう要素を見据えて備えることはできる。そしてこのように考えてみたとき、あらためて新しい技能や知識、技量を獲得するために新しい場所を探すのではなく、今目の前にある仕事で十分に成長できる可能性があることもわかってくる。

「今いる会社で働き続けるべきか」のチェック基準

「周囲に働きかける」か「個人の判断力を研ぎ澄ます」か。いずれを選ぶとしても、今いる会社がそのための機会を与えてくれるかどうかを考えなくてはいけない。

まず極めてシンプルな選択肢は、今いる会社で昇進し、管理職や役員のポストを得ることだ。ただしそれが先ほどあげたような技能や知識、技量を求める役割でなくてはならない。

あなたの会社の管理職や役員が行っている仕事をあらためて眺めてみよう。

彼らは「戦略的な学習」を自らに課しているだろうか。あるいは部下に対する「技能の指導」は行っているだろうか。指導をしている場合には、体系的な「教育訓練知識」を前提として「アクティブラーニング」手法を用いているだろうか。

また適切な「判断力と意思決定力」を発揮しているだろうか。「オリジナリティ」のある見解を示すため、現状のビジネスを「システム評価」「システム分析」し『複雑な問題解決能力」を発揮しているだろうか。

簡単なチェックリストを作ってみたので、こちらで確認してみてほしい。

オズボーンの分析から、システム評価とシステム分析を同じチェック項目として統合し、15個にまとめてみたものだ。

このシートを使ってまず、社内で尊敬できる特定の人を思い浮かべ、チェックしてみてほしい。その際にはシンプルに、設問に対してYESと思うのなら○、NOと思うのなら×として、どちらとも迷う状態で△につけてみてほしい。

これはまず練習みたいなものだが、この時点で○が過半数になっていないようだと、残念だがとても厳しい結果を示さざるを得ない。

さて本番は、社内の経営幹部全員をイメージしながらのチェックだ。経営幹部の半数以上がその行動をとっていると思うのなら○、誰もとっていないかとても少ないのなら×。それ

発揮している知識		×	△	○
10 教育訓練知能	少なくとも、教育が有意義なものであり、 経験と学習を繰り返すなどの行為が ビジネス上必須であることを理解している。 また教育に必要な体系的知識を把握している。			
11 心理学の知識	人間の行動原理や感情について理解するとともに、 対人関係において その知識を前提とした行動をとっている。 一方的ではない感情のマネジメントを理解している。			
12 社会学と人類学の知識	国民性や宗教などの多様性について 前向きな知識として取り入れている。 自国および自分たちを取り巻く社会風習以外についても 理解し、否定していない。			

発揮している技量		×	△	○
13 オリジナリティ	取り入れた知識などを、 自分の言葉で言い換えたり、 独自の解釈を加えてアウトプットしている。			
14 演繹的推論	事実をもとに考え、 余分な感情をさしはさむことなく、 論理的な帰結を導き出している。			
15 流暢な発想力	個別の事柄から連想的に発想を広げ、 他社に披露したうえで、 相手からも意見を引き出し、新たな見解としている。			

回答数			

図8
あなたの会社の管理職や役員が行っている仕事についてのチェック

発揮している技能		×	△	○
1 アクティブラーニング	会議の運営や業務指導時に、部下の方から能動的（アクティブ）に行動するように仕向けている。会議や日々の対話で双方向の対話が実現している。			
2 コーディネーション	部下や同僚の業務遂行に際して、適切な支援を行っている。任せきりにせず、計画的な進め方や、問題発生時の対応についての事前準備などを行っている。			
3 システム評価・分析	既存の業務の進め方やビジネスのあり方について、適切な財務指標やプロセスをもとに、可不可を適切に判断している。そのことについて周囲に明確に示し、同意を得ている。			
4 モニタリング	業務の進捗状況をタイムリーに把握するための、報連相などのコミュニケーションスタイルを確立している。部下からの報告だけに任せることなく、上司側からアプローチしている。			
5 技能の指導	部下が業務を進める際に必要な技能が不足している場合、それを習得するための機会や期間、費用などを与えて習得を補助している。あるいは自らが直接指導している。			
6 社会的知覚スキル	互いに関係し合う人との間で、相手が何を考え求めているかを推測し、主張と共感とのバランスをとりながら接している。対面だけでなく、SNSなどを通じた対処も行っている。			
7 戦略的な学習	中長期に必要となる技能や知識に対し、あらかじめ予測し計画することで、事前に習得するための準備を行っている。自分自身だけでなく、部下にもそれを徹底している。			
8 判断力と意思決定力	自分自身の意思で判断し、決定しているか。時に合議を図ることはあったとしても、自分自身の見解を示し、議論し、相手を説得しているか。			
9 複雑な問題解決能力	業務上の問題が生じた際に、ボトルネックとなる課題や調整が必要な関係性を明確化し、自分自身あるいは同僚や部下の力を活用しながら解決に導いているか。			

らの中間なら△としてみよう。

評価の計算は次のように考えてみてほしい。

「○を付けた数」から、「×を付けた数」を差し引いてみるのだ。△は計算に入れない。

その結果がプラスであるならば、あなたが今いる会社がこれからを勝ち抜いていく可能性が高い。しかしマイナスであるならば、それが仮にマイナス1程度であったとしても、環境変化に対応できない可能性が高い。

マイナスの結果が出た場合には、今いる会社を卒業する準備を始めるべきだろう。あるいは、あなた自身がすでに経営幹部だとすれば、会社を変革し始めなければいけない。

一点だけ言い訳を許すとすれば、変化のトレンドの影響が少ないビジネスの場合だ。

たとえば「環境の持続可能性」に関係しないビジネスで、首都圏などの都市部に位置しておらず（「都市化」）、地域や業界の標準以上の報酬を支払っており（「不公平感の増大」）、国際政治の影響を受けず（「政治的不確実性」）、「技術的変化」はすでに取り込んでいるかあるいは強くは関係しないビジネスで、国内限定で「グローバル化」しておらず、「人口動態の変化」に合わせて高齢層活用も活発かつ、若手も十分に採用できているビジネスである場合だ。それならば、仮にチェックでマイナスが出たとしても、今いる会社にとどまっても大丈夫だろう。

「どこで咲くか」をまず考える時代になっている

１９９０～２０２０年にかけての破壊的な脱年功、時価会計、転職の常態化などに対して十分に対応できた業界とそうでない業界がある。

それまでの日本には土地神話をもとにした含み益経営が成立し、若年層を下働きさせながら年長者が上がりを楽しむ構造が成立していた。外資系金融などの一部の特殊な業界を除き、ほとんどの業界、会社で生活給として給与が定められていたため、とびぬけて高い給与を支払う会社もとびぬけて低い給与を支払う会社も少なかった。仮に支払っていたとしても、その支払い方は現金としての給与ではなく、会社の経費枠であったり、各種福利厚生の体をとったりしていた。

しかしそれらが払しょくされた後には、それぞれの事業年度ごとの損益計算であり、そこから蓄積される剰余金の積み上げであり、将来にわたっての成長可能性を反映した現在価値に基づく経営だった。つまり、儲かるビジネスとジリ貧ビジネスとが明確に区分されるようになったのだ。

仮に2020年以降の変化のトレンドを加味しないなら、現時点で儲かるビジネスとジリ貧ビジネスの代表は次のようなものだ。

儲かるビジネス：建設業、製造業、電気・ガス・水道などインフラ業、情報通信業、学術研究機関、教育関連産業

ジリ貧ビジネス：運輸業、卸売業、小売業、宿泊業、飲食業、生活関連サービス業

ただし、これらはあくまでも賃金構造基本統計調査における業界別大企業の平均値に基づいたものである点に注意してほしい。ここまで記してきたように、これからは大きな変化が訪れる。その変化に対応することができさえすれば、これまでの業界規模やビジネスモデルにおける収益率が低かったとしても、挽回の可能性が十分にある。

たとえばコロナショック前の数年間、ジリ貧側に位置している小売業、宿泊業、飲食業は

インバウンド客を取り込むことで大いに潤っていた。ただしそこでグローバル化に対応し、彼らが望む商品やサービスを整備して対応した店舗や会社がそうだったのであり、変化を無視していた店舗や会社は、インバウンド客による利益は得られなかった。

そして今後も同じような状況はやってくる。変化に対応してゆくことで、業界や企業は再生できる。そのためにも、今の業界や会社に対して「クールな考え方」で評価・分析しなくてはならない。

転職先を探すための基本的な考え方

今いる会社の経営幹部たちに変化に対応してゆけるスキルがあるのなら、仮に業界動向や会社の業績に不安があったとしても、そこで出世していくことを考えるのが一番効果的だ。しかしそうではなかった場合には、咲くべき場所を変えなければいけない。

では、どんな業界のどんな会社に移るべきだろう。そして、そもそもそれらの会社に受け入れてもらうにはどう備えればよいだろう。

2019年までの外部労働市場は、基本的に売り手市場だった。DX（デジタルトランスフォーメーション）やＡＩの発展に沸くＩＴ業界や、インバウンド景気による小売り、飲食、宿泊業などでは、需要に対して供給が追い付かず、求職者にとって有利な条件での転職も可能だった。

しかし脱メンバーシップの不透明な状態では、新卒採用、中途採用のいずれにおいても人材の需要が減っている。買い手市場になっていては、なかなか転職も難しい。求められるスキルのハードルも高くなりがちだ。

ただ、どんな状況であったとしても、転職に向いている業界の条件は大きく変わらない。それは、人材需要が高く売り手に交渉権がある状態で、なおかつ市場が伸びている業界だ。一見人材需要が高いことと市場が伸びていることは一致しそうだが、案外そうではない。たとえば離職者が極めて多い業界の場合、常に人材需要は高いが市場は伸びていない場合もあるからだ。

現時点でいえば、目指すべき企業は「ＤＸ」と「人材多様化への対応」というキーワードで探すべきだ。

「○○Ｔｅｃｈ」といわれる業界に注目すべき理由

ＤＸとも略されるデジタルトランスフォーメーションとは、ＩＴを活用してビジネスモデルそのものを変えようとする取り組みだ。つまりこれまでの常識を、ＩＴの力で大きく変えてしまおうというものであり、その先には成長率と収益率改善が意識されている。時には、業界そのものを破壊して作り直すようなことを考えている企業もある。

具体的にどんな企業を目指すべきだろう。企業ごとのＩＲ資料など、公開されている情報を見てもあまり詳しいことはわからない。企業の実態についても、経営分析に慣れている人ならいざ知らず、普通のビジネスパーソンにとってはなかなかハードルが高い。

ではどう探せばいいのか。

それは、ＤＸに取り組もうとする企業を顧客にするような会社をまず探せばよい。そしてそれらの会社が、どこの業界、どこの会社をターゲットにし、どんな実績を上げてきたのかを確認すべきだ。

ＤＸに取り組む企業を顧客にする会社、ＤＸを支援する会社の探し方でわかりやすいものは、〇〇Ｔｅｃｈといわれる業界を探すことだ。

たとえば教育業界のＤＸとしてＥｄＴｅｃｈ（エドテック）がある。経済産業省が「未来の教室」などの取り組みを進めたことでも有名だが、多くの先進的な教育関連企業が、教育サービスのデジタル化を促進している。おりしも２０２０年初頭のコロナショックの折、いち早くリモート教育に転換できた会社はそもそも早い段階からＥｄＴｅｃｈに取り組んできていた。

ＦｉｎＴｅｃｈも聞いたことがある人が多いだろう。ブロックチェーン技術をベースにしたビットコインなどの暗号通貨が知られているが、もともとは国際間の送金サービスなどから広まっていった。現在広がっている電子マネーもＦｉｎＴｅｃｈの一部として考えることができる。今後、現金流通が激減するという予測もある中、実物の金銭ではない、デジタルな通貨を当然とする社会が到来するとすれば、成長可能性が極めて高い。

弊社セレクションアンドバリエーションが手掛ける、人事領域でのＨＲＴｅｃｈも現在広まりつつある。現状ではまだ採用業務プロセスの効率化や、人事評価領域のプロセス改善、評価結果の分析などの活用にとどまっているが、業績に貢献できる優秀人材を可視化するタレントマネジメントや、コミュニケーション促進によるモチベーション向上に寄与するアプリなどの浸透が期待されている領域だ。

　これらの業界に行こうとするとき、ＩＴの素養がないと二の足を踏む人も多いだろう。しかし仮にＩＴに詳しくないとしても、Ｔｅｃｈの前の部分、たとえば Education や Finance、Human-Resource についての課題意識と知見があれば十分可能性はある。

　デジタルトランスフォーメーションの目的は、そもそもＩＴを浸透させることではない。ＩＴを活用して、ビジネスや業務の課題を解決し、社会そのものや人々の生活をよくすることが目的なのだ。だからＩＴを活用してどんな課題を解決したいのか、ということについて明確な意見を持っているのなら、ぜひチャレンジしてみてほしい。

ＩＴ関連以外で伸びている会社の探し方

　もちろんＤＸを提供する側でない会社に移りたい、という場合もあるだろう。その際には、先ほどあげた〇〇Ｔｅｃｈを提供している会社の中でも、特にＢtoＢのサービスを提供している会社の実績欄を見てほしい。逆にＢtoＣの〇〇Ｔｅｃｈ会社は避けた方がよい。たとえばＦｉｎＴｅｃｈでいえばキャッシュレスを支援するスマートペイメントの会社やクラウドファンディングを進める会社ではなく、法人向けサポートを進める会社を調べてみることだ。それらの会社の導入実績ページには様々な規模の企業が掲載されている。仮にそれらの企業の中に興味を惹くものがなかったとしても、それらの企業が属する業界の課題意識を読み取ることができるはずだ。

　また、ＡＩ対応を進めている会社もぜひ考慮すべきだ。そのような会社も、やはりＢtoＢでサービスを提供している会社の実績ページから探すことができる。たとえばAidemyというＡＩ教育についてのＥｄＴｅｃｈスタートアップがある。この会社の実績ページ[18]を見ると、空調機メーカーや損保系システム会社などの大手から、社員数十名規模のベンチャーキャピタルやコンサルティング会社まで幅広く掲載している。技術的なことがわからなくても、ＡＩをビジネスに活用していくことはできる。そのような思考をいち早く進めるためには、ＡＩについて語ることが特別ではない会社で経験を積むことが有利に働くだろう。

　これからの変革を乗り越えていくならば、デジタルトランスフォーメーションに対応できていない企業の先行きは不透明だと言わざるを得ない。クラウド対応も進む中、企業規模が小さかったとしても、コスト的に対応は可能だ。だからこそ、ＤＸやＡＩをキーワードに転職先を探してみることを勧めたい。

人材多様化に対応している会社の探し方

ＤＸ領域以外でこれから伸びる会社を探すのなら、人材多様化に対応している会社をお勧めしたい。オズボーンが示す変化のトレンドに含まれつつも、日本企業が苦手とする領域の変化があり、それに対する対応度合いは、人材多様化への対応度で測ることができるからだ。

それは「グローバル化」と「不公平感の増大」、そして「政治的不確実性」だ。つまり日本人と同じように諸外国出身の従業員を活用し、様々な違いがあってもチャンスを公正に与え、政治的な偏りにおもねらない企業を探すことが望ましい。

戦前から戦後の高度／安定成長期にかけ、日本人は日本人であるということにこだわり続

18 https://business.aidemy.net/contents

けてきた。ジャパン・アズ・ナンバーワン、という言葉に胸を高鳴らせた人も多かった。

個人としての信条はそれでよいかもしれない。しかしビジネスとして考えるのであれば、もはや日本だけを市場にする会社の将来性は明るいとはいえない。世界市場で活躍することは必須課題なのだ。そして世界市場で活躍するには、それぞれの国のそれぞれの文化を尊重することは当たり前のことだ。

その点、欧米企業が世界に展開した際の対応は優れていた。それぞれの国の法人のトップにはなるべくその国の出身者を据えるか、あるいは本社がある国以外の異なる国出身者を据えていった。一方で日本企業は相変わらず海外現地法人トップを日本人に任せている。

また、世界の半数は女性であり、優秀な人材の割合も男性と変わらない。だから女性活躍はあえてとりあげるまでもなく、当たり前に対応すべき事柄だ。しかし日本では戦前の家制度における男性家長の戸主権へのあこがれをひきずり、女性には主婦化を促してきた。

これらを前提に考えるならば、例えば役員や管理職における外国人、女性の比率を見ることは重要だ。またＳＤＧｓへの対応から読み取ることもできる。

あなたを高く売るためには、市場より「取引」を目指す

ＤＸ対応であっても多様性対応であっても、これから伸びそうな業界の伸びそうな会社は、自分で探さなければいけない。

就職とは投資先を決めることだ。ベットするのはあなたのスキルと経験と人生。リターンは外的な報酬、内的な報酬など様々だ。

だからもしあなたが本気でこれからの時代に大きなリターンを得たいのなら、人材紹介会社のマッチングページを流し読むだけでは不十分だ。

そもそも、そこには就職という投資を求めている会社が掲載されている。伸びるために投資を求める会社の中に、浪費するための投資を求める会社が混ざっている。

そしてもしそこに本当に投資に値する魅力的な会社が掲載されていたとしても、その時点ですでに買い手市場になってしまっている。転職を考えるライバルたちを乗り越えて面接にたどり着いたとしても、あなたにとってはあくまでも人材紹介会社のページに記載されている多くの企業の中で有望に見えた、というだけの言葉しか伝えられない。

しかし自分で探し自分で発見した企業であれば、なぜ興味を持ちなぜここで働きたいと思ったのかを、自分の経験と言葉で語ることができる。人材紹介会社があなたに提供するのはマッチングのための市場だが、あなたが自分で探せばそこでは交渉による取引の場が生まれるのだ。あなた自身を高く売りたいのであれば、あなた自身を市場に並べてはいけない。取引の場で交渉することで、あなたの価値はより高く見えるのだから。

第3部

生き方の当たり前を見直す

脱メンバーシップ時代の学びなおし

「今後5年間の学習計画」が無駄な理由

あなたが働いている場所を適切なものにできたら、次に考えるべきは、社外で使えるスキルを獲得するための学びなおしだ。近年ではリカレント教育といわれることもある。ビジネスパーソンとしての実績を積んだうえで、あらためて様々な知識やスキルを得るために努力することが標準的になりつつある。

先ほど示したオズボーンのスキル一覧にも「戦略的な学習」という技能があったが、学びなおしも戦略的に考えなければならない。

ただし、戦略的な学びなおしとは、学習計画のことではない。

仮に現在31歳で人事課に所属する人が、これから先5年の年表を作り、こんな計画を記したとする。

２０２１年（32歳）英語の学習を再開。同年中にＴＯＥＩＣ８５０点を目指す。

２０２２年（33歳）夏過ぎから専門学校入学。社会保険労務士資格取得に向け学習。

２０２３年（34歳）社会保険労務士合格（目標）。実務では労務系全般を担当する。

２０２４年（35歳）係長昇進試験合格を目指す。

２０２５年（36歳）これまでの経験と学習状況を振り返り、ギャップを踏まえて次の計画を立てる。


さて、この人がこの計画を意識して行動するのはいつまでだろう。仮に12月にこの計画を立てたとして、そのメモなりファイルなりを意識するのはせいぜい年内まで。年が明けたら存在すら忘れてしまい、新年度になった4月頃にふと思い出して読み返し、まあこれはこれとして、仕事も忙しいし、実際に何をしようかな、と考えるのが関の山だろう。

人間の記憶力と意志力はとても弱い。そんなものに頼らざるを得ない計画が役に立たないということは、多くの人たちが理解できているはずだ。

また、世の中の変化は急速で、求められる知識やスキルも本質的なもの以外は変化しやすい。そんな中、今の部署での仕事が5年後にも続くと考えて立てた計画があったとしても、メンバーシップ型の会社の場合には会社都合による部署異動でたちまち役に立たなくなる。

そもそも人はなぜ学習をするのだろう。その目的はシンプルだ。結果を出すためだ。学習して能力を高めたところで、使い道がなければ全く意味がない。あなたが今から毎日野球のバットを素振りして、150キロメートルの速球を150メートル以上飛ばせるスキルを手に入れたところで何の役に立つだろう。年齢によってはむしろ、腰を痛めるなどのマイナスの効果の方が大きいかもしれない。

オリジナリティを得るために、日々の業務の中でインプットを増やす

学びなおしというと、大学時代に学んできたことを再び学ぶこと、のように理解する人もいるだろう。学びなおしという言葉からは、繰り返しのような印象を受けるからだ。しかしビジネスパーソンの学びなおしの代表格である社会人大学院には、経営学部や経済学部卒業生だけが来るわけではない。法学部や文学部、理学部、工学部など大学時代に学んでいたことはそれぞれ異なっている。近年では医学部出身者も目立つようになってきた。

実は、学びなおしとはかつて学んだ知識を思い出すための行動ではなく、「学び」そのも

のをあらためて行うことを指す言葉だ。

そして成果につなげるための戦略的な学びなおしとは、今必要な知識やスキルを得るためにすぐ学ぶことだ。知識やスキルはいつか使うために学ぶのではなく、求められる成果をイメージして学ぶ方が本気になりやすい。また、学んだ結果が成果として目に見えることで、学びなおしを繰り返そうとするモチベーションにもつながる。

けれども人の意志はとても弱いし、目の前の作業においてすぐに時間をとることも難しい、と考えてしまう。だから限られた時間の中で、今必要な学びをどう得るかを仕組み化することを考えよう。実はそのことは、それほど難しい問題ではない。たったの2ステップで事足りる。

第一のステップは、インプットを増やして行動するようにすることだ。

どんな仕事でも、やるべきことやゴールははっきりしているだろう。たとえば「資料作成」がやるべきことで、ゴールは「クライアントの合意を得ること」のような場合だ。

典型的な例として、まだ新人に近い状態の人が、提案資料の作成を指示された場合を考えてみよう。上司から指示をされ、いついつまでに見込み客に出す提案資料を作らなければいいけない。ゴールはもちろん受注だ。比較的時間に余裕はあるのと、初めて一人で任された資料作成なので、意気込んで作業を進めたりするだろう。

前例となる資料を入手し、ヒアリングに同行した際の議事録を読み返し、不明な点があれば上司に確認し、そうしてそれなりに納得のいくものが完成したとする。そしてさらに努力の甲斐あって、受注にも成功したとしよう。こうしてこの人物は資料作成の経験、受注に成功した経験を獲得する。これはこれで、成長のきっかけになるはずだ。

しかしこの作業ステップに対して「インプットを増やす」という行動を加えるだけで、成長のスピードが飛躍的に高まっていく。

たとえば提案資料を出す顧客の業界について調べてみよう。そもそもなぜ今回、自社のこの商品を求めに連絡してきたのだろう。ヒアリングで事情は聞いてはいるが、業界的には当たり前のことなのかもしれないし、当たり前ではないかもしれない。だから業界トップ企業のＩＲ資料をダウンロードして、今回の提案で提示する商品がどう活用されているかを探してみよう。

また、競合他社の最近の動向を確認してみよう。大手の競合は今回、かなりの安値を提示してくるかもしれない、と思っていた。けれども業績や公表されている事業計画資料を確認してみると、1株あたりの利益額を重視する経営方針を打ち出している。だとすれば無茶な値引きはしてない可能性が高い。

窓口になっている顧客先の30代の担当者は、最近転職してきたところだと言っていた。前職は別の業界らしいけれど、その業界から転職してくる人は多いのだろうか。調べてみると案外そうでもない。じゃあ、30代の転職理由について統計を公表しているサイトを見てみよう。なるほど、キャリアアップのための転職が増えているのか。でも人間関係が嫌で転職することも多いらしい。受注できたら、しばらく一緒に仕事をすることになる人だ。どんな理由で転職してきたのか、嫌がられない程度に軽く聞いてみよう。

仕事は「完ぺきにこなす」より「工夫や意見を加える」ことで成長する

資料作成に直接的には必要ではないそんな調べ物をしながら出来上がった資料は、確実に深みを増している。そして、プレゼンの場での話の引き出しも増えていることに気づくだろう。仕事のときにインプットを増やす一番の理由は、まさに引き出しを増やすことにある。

「指示された仕事を完ぺきにこなす」ことでは、人は成長できない。そこに自分なりの意見や工夫があって初めて人は成長できるようになる。そのために、今まで以上にインプットを増やしながら仕事をするべきだ。

「目の前にしなければいけない仕事」があるときは、大きなチャンスなのだ。そのときにインプットを増やすほど、知識量は増え、それらの情報がつながっていく。インプットを増やす際には、オズボーンが示す「流暢な発想力」が要求されるだろう。発想の力も、使えば使うほどに成長してゆく。そうして記憶され、つながった多くの知識は、獲得した成功体験とともにその人自身しか語れない言葉になっていく。それがまさに「オリジナリティ」だ。

記憶の外部ストレージを持ち、再利用できるようにする

戦略的な学びなおしの第二ステップは、自分や所属の成果を分類して検索可能にすることだ。電子データであれば、フォルダーを分けて整理するだけでもよい。紙媒体を使っているのであれば、時系列で整理するとか、あるいはジャンル分けしてもよいだろう。

その目的は、再利用できるようにするためだ。

もちろん多くの人は、自分自身が作った資料がどんなものだったかを覚えていて、同じような仕事の際には流用していることだろう。ただ、意識して分類しておくことで、やはり記憶に残りやすくなる。そして意識的に再利用をすることによって、その内容がブラッシュアップされていくようになるのだ。

たとえば先ほどの人物が、半年ほどの期間を経て、異なる業界だが同じくらいの規模の会社に提案資料を出す機会を得たとする。半年くらいであればまだ記憶にも残っているので、たしかこの会社の提案フォルダーにあったはず……と探してみて、それをベースに新しい要件を織り交ぜながら、新しい会社向けの提案資料として完成させるだろう。

しかしもしかすると、その間に失注している企業の例があったかもしれない。受注した企業の資料は記憶にあるが、それ以上にたくさんあったはずの失注した会社向けの資料は忘れているかもしれない。そこで発想を膨らませて得た情報をうまく活用すれば、さらに受注につながりやすい資料として完成させられたかもしれない。

また同じ部署の他の誰かが成功した受注、失敗した受注の経験を蓄積しているかもしれない。それらの情報を必要とする際に引き出すことができれば、新しい作業の品質を短い時間で引き上げられるようになる。

悲しいことに、人の記憶力には限界がある。絶対覚えている、と思ったことでも、あっさり忘れてしまうものだ。だから自分の能力を過信せず、デジタルなディスクやドライブなどを自分の補助記憶媒体として活用する習慣をつけておいた方が良い。

学習の目的は成果を出すことであり、成果を出すためには流用できるものは流用し、成功体験や失敗体験を活用し、さらに新しいインプットを増やすべきだ。そうして得た新たな経験が、また新たな成果につながっていく。

そうして人は成長し続けることができる。

経験の価値を見直す――同じ仕事をしている人の給与は増えなくなる

ベテラン、と呼ばれるようになったら気をつけなければいけない。

人によっては5年でベテランを自称する人もいるし、20年を経てもまだまだだと謙虚な人もいる。ただ、いずれにせよ自分のスキルや成果に自信を持ち始めたタイミングで、意識的に振り返らなくてはいけない。

自分が一番だ、と思ったときにはすでに負け始めている可能性が高いからだ。

たびたび記したように、これからの時代において、生活給は薄れていく。生活給が薄れるということは、定期的な昇給がなくなっていくということでもある。それはすなわち「同じ仕事をしている人の給与は増えなくなる」ということなのだ。

たとえば、あなたの家のキッチンの水道蛇口が故障して修理を依頼したとする。そのときに費用が1万円。さてそれから1年で、修理が失敗したわけではないもののまた水道蛇口が故障して同じ業者に修理を頼んだとしよう。その際に「1年前より私の給与が1万円増えたので、修理代は2000円値上がりします」と言われて納得するだろうか。

これまで生活給が成立していた背景には、若い人の給与を安く抑え、その分を中高年層に移転する仕組みがあった。若い人の数が、中高年層よりも多かったのでその仕組みを維持することができていた。けれども、多くの企業で若者よりも中高年層の人数が多くなっている。だから若い人の給与を安くして中高年層の給与に回す、という仕組みはもう維持できない。一方ですでに中高年層の給与は一定額以上に昇給してしまっているので、若い人の給与も増やすことができない。1990年からの30年間、誰も給与が増えない状態が続いていたのはそれが原因だ。

生活給ベースの給与の仕組みが制度疲労を起こしている中で、それでも生活に費用がかかるなら、といって共同し交渉する仕組みもあった。それが労働組合による団体交渉だ。けれども今や民営企業の労働組合の組織率は推定で15・8%しかない。[19] 1000人以上の大企業では40・8%だが、それ以下の企業ではそもそも組合がない企業が大半だ。

戦後の官僚たちが生活給を作り上げ、労働者の集まりであった労働組合が交渉によって生活給を維持してきた。しかし企業も労働者も生活給志向から抜け出せなかったために2020年までの30年間で給与は増えなかった。非正規雇用だけが労働市場で取引されるようになったが、最低賃金あるいは新入社員相当の給与額での取引が大半であり、給与水準を下振れさせる要因にもなった。かろうじて高いスキルを持った人材の中途採用時や、AI技術などの高度なスキルの新卒採用時にようやく高い市場価値での給与設定がされるようになったが、それはまだ少数派だ。

生活給を維持できず、若い人も中高年層もいずれの給与も増やせない状況で、雇用の不安定さだけが広がっている現在、企業は生活給から抜け出していこうとしている。メンバーシップを守るということは、生活給を守るということとほぼ同じ意味だ。それを職務（ジョブ）型に移行していくということは、メンバーシップを構成する生活保障を低減させてゆくことにもなる。そうしなければ、誰の給与も増やせないから。

だから働く私たちも、そのような変化を自分事としてとらえて備えなくてはならない。給与を受け取る働き方をしている私たちは、少なくとも5年ごとに、給与の対価として提供している自分の価値を棚卸ししてみよう。

あなたが戦略的に学びなおす仕組みをうまく回し、発想力とともにオリジナリティを獲得することができていれば、あなたの価値は一層高まっているだろう。ぜひそうなるよう、今日からすぐに仕事の進め方を変えてみてほしい。

DX文脈からのスキル——価値と顧客にフォーカスせよ

DX（デジタルトランスフォーメーション）の流れが加速するであろうことは、「脱メン

19　厚生労働省「令和元年（2019年）労働組合基礎調査の概況」

バーシップ時代の職業選択」の項で示した。仮に私たちが転職を選ばないとしても、自分たちの周りで起きるＤＸに備えておくことは重要だ。そのために習得すべき最も重要なスキルがある。それは「インプットを増やす」ことと「記憶の外部ストレージ化」のその先のスキルだ。

まずＤＸが進んでいくことで、私たちが行ってきた様々な単純作業やルーチン作業は自動化されていくことになる。ＤＸが目指すのは、価値と顧客との距離を短くすることであり、それをビジネスにしている企業の優位性を確保する効果を持つ。つなぐために必要な様々なプロセスは、そのほとんどがデジタル技術で自動化あるいは簡素化されるだろう。だから私たちに必要なことは、価値と顧客にフォーカスすることだ。

古典的なマーケティングの用語でいえば、プロダクトアウトあるいはマーケットイン、という区分になるかもしれない。ただ、現在の潮流でいえばそれらを包括したＵＸ（ユーザーエクスペリエンス）として理解する方が適切だろう。

ＤＸが進む時代において、私たちはＵＸを理解し設計するスキルを持たなくてはならない。

自社のビジネスが、どんなユーザーにどんな価値を提供するのか。そのユーザーは価値を活用してどのような経験をするのか。それらの仮説を数多く策定し、実践によって検証し、売上や利益としてマネタイズしていく一連のスキルだ。

ＡＩを設計するスキルは、やがて単なるプログラミングと同等のものに変わっていく。そしてほとんどのプログラムがそうであるように、ＡＩもまた、何を目的としたものなのか、ということが最も重要な基準になっていくのだ。ＡＩの作り方ではなく、ＡＩの使い方もまたＵＸスキルのその先にある。

たとえば現在のＡＩが得意とするのは、特徴をつかんだうえでの提案だ。通販サイトでよく購入する商品タイプから、こんなものも必要ではありませんか、と提案をする仕組みなどが代表的なものだろう。

しかしより重要なことは、そもそも誰を顧客とするのかによって、通販サイトのあり方は変わる。Amazon と楽天は主に個人顧客をターゲットにしているが、モノタロウや ASUKUL は法人顧客をターゲットにしている。ＡＩ技術はそれらのどちらでも有効に機能するだろうが、そもそも個人をターゲットにするか、法人をターゲットにするか、という意思決定は人が行わなければいけないし、そのうえでそれぞれの顧客が商品を何に使うのかという想定をしなければいけない。それらを包括したUXスキルを高めることが求められるだろう。

人材多様化に対応するスキル――「男性で正社員」以外の人すべてに対して

ダイバーシティが声高に強調されるが、これまでの日本のメンバーシップ型雇用はその対極に位置していた。様々な取り組みを進めてはいるものの、結局のところ女性の管理職比率は微増にとどまっているし、外国人が活躍できる場も十分には整備されていない。グローバル企業における海外から日本への転勤者はおおよそ同じ地域に住むことが多いが、それはたとえば英語で診てもらえる病院が近隣にあったり、日本語を話さない子どもたちが通える学校が通学可能範囲にあったりする地域が限定されているからだ。

また、正社員以外の非正規雇用の従業員に対する差別的待遇は根深いものがある。

多様化の対象は、女性や外国人だけでないのだ。「男性で正社員」以外のすべての人たちに対する意識と処遇を改めることを考えていかなければいけない。その中には定年後再雇用の男性も含まれている。日本でも法整備は進みつつあり、同一労働同一賃金に関する法改正は今後さらに進むだろう。

重要なことは、私たちがそのような多様化に備えておくことだ。

一昔前にグローバル化がもてはやされ始めた頃、海外で働いたり海外からの人材を受け入れたりする際に、異文化に対応する能力が必要だ、といわれていた。自分たちと異なる考え方や行動の常識に対して敬意を払うことが重要だという考え方だ。またそれとともに、自国の文化を誇ることの重要性も示されていた。

今考えてみれば、それらはメンバーシップ型の日本のビジネス界における、男性正社員中心社会を前提とした対応の方向性だったのかもしれない。もちろん異なる考え方や行動を尊重することは当然だ。しかしその時同時に自分たちの文化を誇ることは必要だろうか。それはあたかも、こちらが敬意を払ってやるんだから、そちらも同等以上の敬意を払うべきだ、という交換的な発想に基づいているようだった。

仮に同じようなことを、今回の人材多様化に合わせて行ったとしたらどうなるだろう。日本で働く外国人に対して、そちらの意識や行動を尊重するから、弊社のメンバーシップ型の意識や行動も尊重してほしい、ということにならないだろうか。また育児を理由として時短勤務をする女性に対しても同様に、あなたの育児時短勤務を認めるから、あなたも男性正社員文化を認めるべきだ、ということにならないだろうか。男性の育児時短勤務者にも、定年後再雇用者にも、派遣社員にも、アルバイトにも「あなたを認めるから、こちらも認めなさい」という対応をとるべきだろうか。

元外交官で私のシンクタンク時代の同僚でもあった山中俊之氏が『外国人にささる日本史12のツボ』という著書の中で示されているが、日本人が誇りたい歴史と、外国の方が興味を持つ歴史は微妙に違っているとのことだ。日本人は戦国時代や幕末をもって自分たちの歴史や文化の代表のように話そうとするが、外国人が興味を持つのは自然崇拝の心であり、禅の思想であり、創意工夫の文化であり、外国との様々な交流を吸収し融合してきた柔軟性であるという。

日本人は、もともと多様性への対応が得意だったのだ。その対応とは、相手の良い点を尊重しつつ自らに取り入れ、それらを含めた融合文化を構築する点にあったのではないだろうか。そのように考えるのなら、今ビジネス社会で取り組んでいる多様性についても、許容し主張するものではなく、融合し新たに築くものでなくてはならないだろう。少なくとも私たち一人一人が、多様性を取り込んだ新しい文化について思いをはせなければいけない。それが今はまだどういう社会なのかは見えないが、おそらく問題はないはずだ。私たちは1000年以上も多様な文化を取り込みながら生活し、成長し続けてきたのだから。

学校を卒業して働く、ということは当たり前なのか

この本を手にしている人で、学生は少ないだろう。だから学生に向けたメッセージではなく、学生たちの先輩であり、親である立場の人たちに向けてこの項目を記す。

日本のメンバーシップ型雇用の一側面として、新卒一括採用時のポテンシャル重視がある。言い換えるなら、学生時代に身につけたものは不要で、会社に入ったのちにメンバーとして教育しなおすため、地頭が良くて素直な人を好む採用方針だ。その先に待っているのは20代の下積みであり、いろいろな仕事を現場で経験しながら、会社に所属するメンバーとしての意識と行動をとれるようになることだ。ただし年功を前提とした低い給与で。

しかしメンバーシップ型を脱却する社会では、新卒であったとしても即戦力であることが

求められるようになる。5年以上もかけて一人前になるのではなく、せいぜい3年以内に稼げる人材になることを求められる。

だとすると、学生時代に備えておくことが極めて重要になる。

今学びなおしを始めている人たちならわかるだろう。なぜ学生時代に、これらの知識が刺さってこなかったのか。なぜこれらの知識が必要だとわかっていなかったのか。

それは誰も教えてくれなかったからだ。そもそも官僚的な人事の仕組みのもとで働いている教職員たちに、新しいビジネス社会の人事の仕組みは理解しづらい。公務員こそがメンバーシップの最たるものだし、そこでは男性中心ということはないかもしれないが、新卒一括採用で定年までの終身雇用で、年功昇給が確保される。安定的な立場から、リスクをとる立場を理解しづらいのは、仕方のないことだ。

だから、もしあなたの周りに今学んでいる学生たちがいるのなら、彼らに、ビジネス社会に出ることがどういうものかを伝えてほしい。今学校で学んでいることがどのような場面で活用されるのか。得ている知識やスキルが組織の中でどのように成果につながっていくのか。一緒に働く同僚や顧客との間で新たな知識がどうやって生まれてくるのか。

そもそも、学生と社会人の間に区別はないはずだ。社会人という言葉自体、日本以外ではほとんど使われていないという話もある。社会人という言葉が日本で使われだしたのは戦前から戦後に至る時期だという複数の説があり、明確ではない。ただ、日本では学校を卒業すると同時に就職することが一般的であったことから、卒業と就職がほぼ同じ意味を持っていた。そのため学生でなくなることは社会から出ることだ、という理解をもとに学生と区別した社会人という言葉が普及していった可能性もあるだろう。

しかし最近のアメリカのベンチャー企業でも見られるように、学生時代から就業し、起業する例は数多く見られる。シリコンバレーの起業家の一部では、大学を卒業していることが珍しい、という場合もあるようだ。

日本では、新卒一括採用の流れがとどまることはおそらくない。それが、企業と学生双方にとって効率的な仕組みでもあるからだ。

しかし、優秀な人材は卒業を待たずとも、ビジネスの現場でどんな知識や技能が求められるかをあらかじめ知っておいた方がよい。そのためには積極的にインターン経験を積み、時には起業のチャレンジもしてみるべきだろう。

メンバーシップ型を脱却した、ＤＸに対応し、多様性を取り入れた新しい社会を築き上げるのは、今まさに学生でいる人たちなのだから。

脱メンバーシップ時代のコミュニティとネットワーク

強制型から選択型に変わるコミュニティ

企業がメンバーシップ型から脱却してゆくことによって、今の50代以上にとって当たり前だった、会社中心のコミュニティはさらに存在感を薄めてゆく。また家族のあり方も変わりつつある。大家族から核家族に移り変わってきた日本の家族のあり方は、それでも同じ配偶者との関係を継続する傾向が強かった。しかしすでに離婚率は30%を超え、欧米のように50%程度にまで上昇する可能性がある。また婚姻率そのものも低下しており、生涯未婚率は男性で20%以上、女性でも15%近くになっている。

高度／安定成長期の日本では夫婦と子ども2人の世帯を標準として示していたが、これからの標準世帯は個人＋それぞれのつながりになっていくと思われる。ということは親族のつながりではなく、個人的な考え方や趣味嗜好によるつながりを前提とした生活スタイルが当たり前になってゆくのかもしれない。

核家族&メンバーシップが当たり前の時代、私たちは特に意識せずともコミュニティに属していた。家庭と会社だ。さらに付け加えるなら、学校における友人や同窓たちとのコミュニティも成立していた。それらはあえて選ばずとも参画せざるを得なかったコミュニティであり、束縛もあったが、安心の基礎にもなっていた。

しかし社会の変化は、コミュニティを選択型に変えつつある。

進む都市化は、家族と同居しない選択肢を提供している。大学進学と同時に実家を離れ、就職後も実家には戻らず家族と別居したままで過ごすことはもはや当たり前だ。

かつて、骨をうずめる覚悟で入社すべき、とまでいわれた新卒入社後の会社も、転職による選択が可能になった。「これまでの給与・これからの給与」のグラフでも示したように、ビジネスパーソンの30%以上が転職経験を持つ時代だ。テレワークが拡大した脱メンバーシップ型の会社では、企業内コミュニティの成立要件はさらに選択型の度合いを高めていくだろう。

図9
生まれた世代と価値観の違い

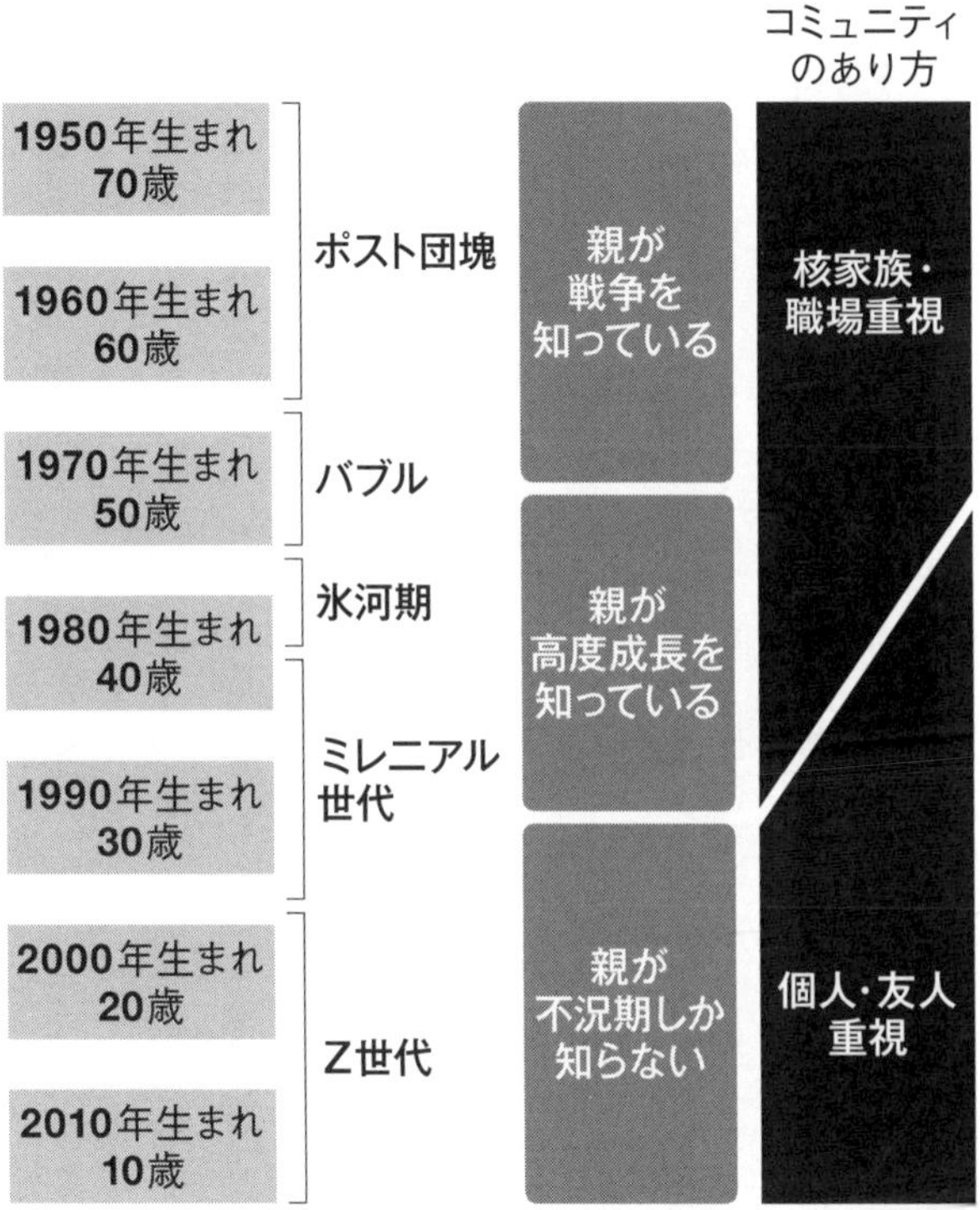

会社というコミュニティがバーチャル化する時

コミュニティの定義については諸説あるが、社会学者Ｒ・Ｍ・マッキーヴァーは「一定の地域において営まれる共同生活」のことをコミュニティとして定義した。１９１７年のことだ。その後マッキーヴァーはコミュニティの要件として、地域性に加えてコミュニティ感情を追加している。コミュニティに自分自身を投影し、その中で役割を持ち、互いに依存し合う心理的状況を持っている状態だ。

これは、メンバーシップ型として成立してきた日本企業の要件と似通っている。

コミュニティのあり方については昨今のインターネット環境が整備される中で、バーチャルな状態においても十分に成立することがわかっている。ＳＮＳはもちろんコミュニティとして成立しているし、アプリゲームなどの掲示板などもコミュニティ要件を満たしている。

コミュニティを構成する地域性とは、リアルな対面によるオーラル（言葉による）コミュニケーションにおいてだけでなく、リテラル（文字による）コミュニケーションにおいても十分に成立するのだ。また、そこでは非同期性があっても問題ないことがわかっている。誰かが書き込んだ内容に対して、しばらくしてから返信が入っていたとしても、それでコミュニケーションは成り立つからだ。

では、リテラルコミュニケーションによるコミュニティは会社においても成立するだろうか。

脱メンバーシップの社会の中で、私たちの働き方にはテレワークが含まれるようになった。これまで「同じ場所」「同じ時間」で働いていたからこそ、職場という地域の中で共同生活が営まれ、それがメンバーシップとしてのコミュニティを形成してきた。

しかし「それぞれの時間」「それぞれの場所」だと、あたかもSNSでのやりとりのように、リテラルかつ非同期でのコミュニケーションが主体となる場合もある。果たしてそれを会社としてのコミュニティとして定義してよいのだろうか。

コミュニティの機能が変わりつつある

結論としては、リテラルかつ非同期でのバーチャルな職場もまたコミュニティなのだ。しかし、それはこれまでの職場コミュニティとは異なる点が多々ある。

図10
「それぞれの場所／時間」で働く
職場コミュニティのAGIL機能変化

	定義	変化の有無
適応 *Adaptation*	ビジネスモデルに基づく収益を各ステークホルダーに配分する機能	—
目標達成 *Goal attainment*	より最適な適応を実現するための行動集約機能	△
統合 *Intergration*	行動全体を統括する法的機能やガバナンスなどの機能	○
パターンの維持 *Latent pattern maintenance and tension management*	倫理的な規範などの組織風土などの機能	◎

そもそもコミュニティについての議論も、パラダイムシフトを経ている。[20]アメリカの社会学者、タルコット・パーソンズはコミュニティが持つ地域性の解釈を広げ、居住している地域だけでなく、職場や自治体、コミュニケーションプロセスそのもの（SNSなどのネット上のコミュニティはここに区分される）についてもコミュニティとして定義し、AGIL理論として提唱している。そこではコミュニティを社会システムとして定義したうえで、適応、目標達成、統合、パターンの維持、を

コミュニティの機能として整理している。

　これらを会社に適用してみると、次のような整理ができる。

「適応（Adaptation）」：ビジネスモデルに基づく収益を各ステークホルダーに配分する機能。

「目標達成（Goal attainment）」：より最適な適応を実現するための行動集約機能。

「統合（Integration）」：行動全体を統括する法的機能やガバナンスなどの機能。

「パターンの維持（Latent pattern maintenance and tension management）」：倫理的な規範などの組織風土などの機能。

　これらについて、職場での働き方が変化したことによる変化が影響しているかどうかを考えてみよう。

　まず、「適応」については変わらないだろう。ビジネス組織のありようまでは変化しておらず、企業は以前と同様に売上を計上し、費用を支払い、利益を分配する。

20　https://www.daito.ac.jp/research/region/activity/designforum/publication/report01/file/file_chapter01_1.pdf

しかし「目標達成」としての行動は一部変化している。たとえば売上をあげるために顧客を獲得し、サービスや商品の対価を得る構造は変わらないが、そのために集客し、取引条件をまとめ成約に至るプロセスは、非対面を前提とするものに変わっているビジネスも存在するからだ。今や多くの会社で、営業の初回訪問をＺｏｏｍなどのテレビ会議で実施している。また、契約行為についても、紙の契約書を作成し捺印のうえ郵送するのではなく、クラウドでの電子契約を採用することが増えている。

その結果「統合」に求められる法的機能やガバナンス機能も、株主との関係性や取締役の責任・義務などの本質は変わらないものの、業務執行における監督手法が変わりつつある。本当に時間通り働いているか、まじめに業務に集中しているか、などの勤務態度は目で見えないので、デジタルな記録に頼らざるを得ない。であれば自主性を重んじた自己申告による形でもよいのでは、と考える会社も増えつつある。

最後の「パターンの維持」だが、「目標達成」と「統合」の各機能が変化することで、求められている組織風土もまた変化しなければいけなくなる。この点がまさに大きな違いであり、テレワーク主体となるコミュニティのパラダイムシフトが起きようとしている。

このような変化に対して、コミュニティの構成員である一人一人はどのように対応しなければいけないだろうか。変化に効果的に対応するためには、組織のリーダーである経営層がどのように変化を進めようとしているかを知っておいた方がよい。

紙の書類とハンコをやめるより、経営者が先にすべきこと

劇的な変化が起きようとするとき、多くの人は目の前の個別行動を変えようとする。今回の例でいえば、対面での会議をやめたり、直接訪問をやめたり、紙の書類をやめたり、捺印をやめたりすることだ。

しかし行動から変えていくと、やがて大きな揺り戻しが生じやすい。テレビ会議のメリットを理解しつつも過去をなつかしんだり、直接訪問による空気感の共有や雑談による追加情報収集の意義をとなえたり、紙書類の一覧性がやはり俯瞰的な情報把握に向いていたとその意義を認めたり、ハンコは日本の文化だと主張したりするなどだ。

そこで経営層は、最初に「なぜ変革を進めるのか」ということを定め、その目的をアピールする。目的（パーパス）を明示するのだ。

そのうえで、ＡＧＩＬ理論に基づくような、維持すべきパターンを変えようとする。つまり、組織風土の変革を目指すのだ。

組織風土とはそもそも、暗黙のうちに組織の構成員で共有している考え方や行動規範のことだ。それらには創業者の思いだけでなく、創業から今に至る様々な組織としての成功体験、失敗体験が含まれ、それらをもとに組織の一人一人が繰り返すようになった行動そのものによって強化される。

組織風土を変えようと思うとき、個々の一人一人の行動から変えようとするとどうしても時間がかかるし失敗しやすい。それぞれに組織風土への思いがあり、過去の成功や失敗の記憶があり、組織への愛着があるからだ。

そこで賢明な経営層は、最初に目的（パーパス）を明示したうえで、こんな組織風土の会社になろう、ということを示す方法をとる。そのために必要なルールを定めていく。ＡＧＩＬ理論でいうところの「統合」機能の変革だ。

たとえばある組織で、目的（パーパス）として「場所と時間にとらわれず、最高の品質と成果を発揮する組織になる」と定義したとする。その際の組織風土では、品質重視、成果重視、場所や時間にとらわれない、といったキーワードが想定される。

となると「統合」機能領域では、次のような変革を行うようになる。

●職務における品質責任の明確化
●一定役職以上の成果責任の明確化
●勤務場所と時間を定めた就業規則の修正
●管理職による部下マネジメント基準の変革
●人事評価基準の改定

このように目的（パーパス）をもとに「パターンの維持」方法を変革し、「統合」機能を修正し、「目標達成」に至る行動を変革することが変化を取り込むための適切な順序だ。

となると変化の中にいる私たちはどうすべきか。経営層と同じ順序で思考し、それぞれのタイミングで求められる変革に対して自分の立場を明確にし、意見を示すことだ。

変化のときに従順なだけではいけない

経営層が変革を促すからといって、私たち自身が納得できないことに従う必要はない。そもそも納得できないのであれば、私たちには今いる組織を見限り、別の組織に移動する自由を持っている。

しかし、人によっては移動を好まない場合もあるだろう。今いる組織で活躍し続けたいという思いを持つのはごく自然なことだ。また移動できない事情を持つ人も多くいる。

私たちが所属する組織が、典型的なメンバーシップ型の組織であれば、意見を示すことは得策ではなかっただろう。メンバーシップ型組織には上下関係が明確にある。メンバーシップ上位者は通常経営層であり、彼らに対して意見することは、メンバーシップのありようを否定することにもなるからだ。

しかしパラダイムシフトのような変革期において、メンバーシップ型から脱却する可能性も高い中で、粛々と従っているだけでは何も得られない。

メンバーシップ型組織では、メンバーシップに沿うことが何よりも優先される。だからこそメンバーシップ上位の経営層の指示に従い異動し、転勤し、残業し、休日出勤を続けてきた。

しかしメンバーシップ型組織から脱却しようとするときに、従来同様に組織の上位者に従わなければいけないとすれば、それは本末転倒だ。そもそも「それぞれの場所／時間」で働こうとするのに、意見をストレートに示せないとすれば、コミュニケーションは停滞する一方になる。

ただし、意見を示す順序を間違えてはいけない。もし私たちが、経営層によって示された変革に対して「そんな行動をとりたくない」という意見を示してしまうと、それは単なるわがままになる。最初に示すべきは、目的（パーパス）に対するものではなくてはならない。先ほどの例でいえば「場所と時間にとらわれず、最高の品質と成果を発揮する組織になる」という変革の目的（パーパス）に対してどう考えるかだ。

反対意見を示すときにも、自分自身の意見には軸を持つべき

組織変革の目的（パーパス）を検討するのは経営層だ。時にその目的が間違っていると思えるかもしれないが、組織の一員として目的を定める立場にいないのであれば、選べる行動は同意するか、去るか、だ。どうしても同意できないが去りたくもない、ということであれば、株主に働きかけるのが資本主義のルールだ。

そのうえで、一旦目的（パーパス）に同意したとすれば、その後は意見の整合性を持たなければいけない。自分自身の意見に軸を持たなければいけないということだ。

たとえば「場所と時間にとらわれず、最高の品質と成果を発揮する組織になる」という目的（パーパス）には賛同したが、「私は対面で仕事をしないと仕事をした気にならない」とか「テレワーク機器の使用方法に慣れないから嫌だ」といった意見を示すことは、軸が合っていないということだ。

また「対面じゃないと部下の仕事ぶりがわからないので常にテレビ電話はつなげっぱなしにすべきだ」という意見を示すことは許容されるが、それが「最高の品質と成果を発揮する」ことにつながるかどうかを考えなければいけない。

なぜ自分の意見に軸を持つべきなのか。

それは、変革の時代の最大の抵抗者が自分自身だからだ。私たちの思考には、慣性の法則が働いている。昨日と同じ今日、今日と同じ明日を求めるように脳がプログラミングされている。

これが自分自身だけに関わる問題であれば、どんな意見を示すことも許容される。しかしコミュニティの一員として、コミュニティのあり方を議論するときに、個人としての損得を主張することはただのわがままだ。だから私たちは、自分自身が最大の抵抗勢力になりうる、ということを知ったうえで、組織の変革に向かわなければいけない。

ゆるいつながりだからこそ価値がある側面も

従来型のキャリア、働き方の中で当たり前だった強制的コミュニティが選択型に変わることで、人とのつながり方も選択型にシフトする。特にSNSの拡大に伴い、一つのコミュニティを卒業した際に以前であれば切れやすかった関係性が、継続してつながり続けることが可能になった。

たとえば小学校や中学校などの義務教育でのつながりは、以前ならたまにとどく同窓会案内程度でしか思い出せなかった。しかし今やSNSでずっとつながり合い、意識せず近況確認もできるようになっている。それは高校や大学なども同様だ。また、転職経験者が前職の同僚や取引先とつながり続けることも当たり前になっている。

昨今ではネットワーク理論も広く知られ、知り合いの知り合い、を増やすことが自分自身にとってのチャンスとなると理解も深まっている。年齢によって主に活用するＳＮＳは異なっているが、ＳＮＳそのものの活用率は全年代を通じて上昇しつつある。

逆説的だが、ＳＮＳでのつながりは、強制ではなく選択できるからこそ広まっていると考えられる。リアルに対面でしかつながれない存在であれば、そのこと自体を好まない場合だってあるだろう。しかしＳＮＳではゆるくつながり続けることによって、過度に過去の関係性に影響されない。嫌になればすぐにでも断てる関係性だからこそ、つながり続けられる側面もあるだろう。

新しいつながりの場が増えている

その一方で、選択できるコミュニティそのものが増加している。たとえば学びなおしを目的とした社会人大学院はその典型だ。かつて学びなおしといえば、資格取得を目的とした専門学校に通うことや、大学院に行くといってもアカデミックキャリアを積むためのキャリア転換などを目的とすることが多かった。

しかし今増えている社会人大学院への通学者は、専門的知識を学びたいというだけでなく、相互のつながりを含めた人間関係の獲得を目的としている。大学院によっては授業後の懇親会を促進するだけでなく、多様な集まりを促進している。学年別の活動や勉強会の実施などが充実しているだけでなく、それぞれのライフステージに合わせたつながりづくりも促進している。たとえばワーキングマザーの会や帰国子女の会、ファミリー企業の2代目以降の会などを設定している場合もあり、普通では相談できないような悩みを共有するコミュニティを形成している。また、卒業生同士の交流を活発化させるために、アルムナイ組織を確立させ、毎年定例的な会合を開いている例もある。一般的な大学、大学院のアルムナイ組織が寄付金獲得を視野に入れているものであるのに対し、卒業生の活躍が新たな入学者獲得につながるフローを形成している学校法人もある。

他には、対話型で意見を示せるニュースサイトで、著名人たちとホットトピックについて直接対話できる場を設定し、コミュニティとして継続的に活動している例もある。

個人インフルエンサーがサロンを開催し、リアルとオンラインとを織り交ぜながら知見を共有し合う場を構築している例も多い。

職業知識や経験をボランティア的に活用するためのプロボノ活動も盛んだ。プロボノ活動したい人と、費用はたくさん払えないが専門的知見を求めている人とのマッチングを進めるサイトも数多くある。

ゆるい形のコミュニティとしては、コワーキングスペースもある。単なる作業机を貸し出すのではなく、サロン形式をとりながら、会員が参加できるセッションを用意している場合も多い。それらの場で知り合いつながることで、新たな知見を得る場合もある。

私たちは必ずしも強制的コミュニティに頼ることなく、新しい自分たちのコミュニティを形成し、ネットワークを得やすい時代に生きている。そこから生まれる新たなつながりは、今まで以上に同種性を高めた、同族的な側面を持つことが多い。

人脈が豊富で忙しそうなのに、何もなしとげない人の謎

強制的なコミュニティを前提とする時代には、それぞれのタイミングでの序列が存在し、それらが長期間にわたって影響を及ぼすこともあった。しかしつながりが増える中で、固定的なつながりに依存する割合を減らすことも可能になりつつある。

そんなとき、ぜひ考えてほしいことは、新たに得た選択式のつながりをしっかりと使いこ

なすことだ。そのためには、ネットワークにおいて占めなければいけないポジションがある。それをネットワーク理論的にいえば、中心的な結節点（Central node）になることだ。シンプルに言い換えるなら、多くの人に選ばれる知り合いになることを目指してほしい。

たとえば先ほど挙げた例のように、社会人大学院で学びなおすときに多くの人とつながることはとても楽しいことだし、わくわくもする。自分の時間の多くを大学院での学びに費やし、時に同窓生と研究会を進め、時には懇親会で発散し、新たな出会いを獲得しながら知識と経験を積んでいくことは、一つの会社で働いているだけでは決して得られない素晴らしい体験だ。

しかしそのほとんどは、周辺的な結節点（Marginal node）の状態であり、ネットワークの価値をほとんど得られない。皆さんの周りにいないだろうか。様々なネットワークに所属して、SNS上の知人数はとても多く、いつも忙しくかつ楽しそうにしている人が。しかしよく話を聞いてみればたくさんの集まりに顔を出しているだけで、自らが中心となって何かをしているわけではなく、単なる消費の一環としてネットワークに所属している人が。

私たちはキャリアの中で明確な価値を生み出さなくてはいけない。そして、資本主義社会に生きている以上は、その価値とは目の前のキャッシュか、将来生み出されるキャッシュでなければならないのだ。それができなければ、たとえば「素敵なコミュニティに所属できた」「楽しい大学院時代を過ごした」「著名なインフルエンサーに名前を覚えてもらった」というだけで終わってしまう。

新規顧客・新規ソリューション・新規ビジネスのどれかを作る

では、知見をキャッシュに変えるためには何をすべきか。それには「既存ビジネスに適用」「新規ソリューション創出」「新規ビジネス構築」の3つの行動選択肢がある。

すぐに考えられる第一の選択肢は、今手掛けている既存ビジネスに適用することだ。新しい顧客の獲得がわかりやすい。その際に、知見をキャッシュに変えるのは自分でなくても構わない、という点を覚えておこう。つながった相手がこちらの知見をもとに顧客を増やし、結果としてキャッシュに変えてもよい。また、つながった相手のその先の見知らぬ誰かがキャッシュに変えてもよい。

そう考えてみれば、既存ビジネスに適用する幅が広がることがわかる。儲けるのは自分じゃなくてもよい、と考えてしまえば、私たちはネットワークの価値を極端に引き上げることができるようになる。それがまさに中心的な結節点になるスタートだ。

第二の選択肢である新規ソリューションを構築することはもう少し難しい。しかしそれを実現すれば、私たちの価値はさらに高まる。なぜなら、新規ソリューションは一人で構築できるものではなく、また自分が本来携わっているビジネスでの関係性も使うことになるからだ。

たとえば社会人大学院で得たマーケティング知識とＨＲＭ知識をもとに、既存顧客に対して、新しいサービスソリューションの提供を思いつくことがある。しかしそれを現実的なものにするためには、思いつきを具体的な商品にまでブラッシュアップしなければいけない。試行のうえ、顧客の反応を見て、改良を加えてゆく過程だ。またキャッシュ化に際して適切な値決めが必要になる。その後、順調に成長していけるならば、収益構造をあらためて検討しなければいけなくなるだろう。

その際にはあらためてファイナンス知識や戦略策定の知識が必要になる。それらを社会人大学院でのつながりから獲得し、本業に反映させるサイクルを作り上げることになる。そう

図 11
価値をキャッシュに変えるネットワークのあり方

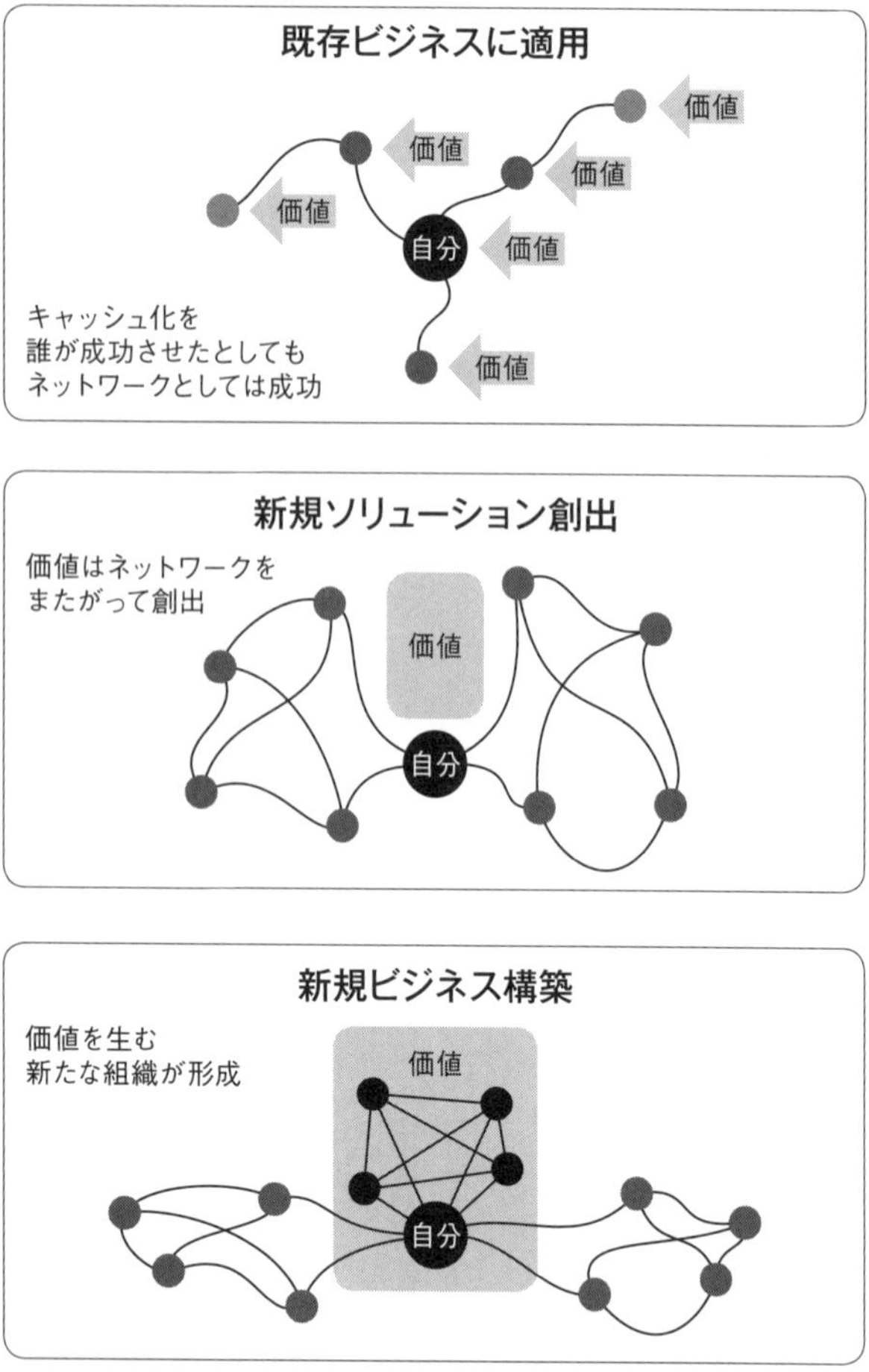

して私たちは、今いる会社と社会人大学院との間の中心的な結節点となる。私たちを中心に、会社と大学院とをつなぐネットワークがあなたを中心に生まれるだろう。

プロボノやコワーキングスペースで得たつながりであったとしても、そこの知見を生かして新しいソリューションを作り上げることができれば、新しく多様な価値を生みやすくなる。ネットワーク理論ではこのように生まれた価値をストラクチャーホールと定義し、その間の中心的な結節点をブリッジと定義している。

既存ビジネスでキャッシュを増やし、新しいソリューションを生み出していくことができれば、その先に見えてくるのは第三の選択肢、新規ビジネスの構築だ。その根底には中心的な結節点となった私たちを中心にした、ソーシャルキャピタル（社会関係資本）がある。

新しく得たネットワークを新しいビジネスの母体としていくときには、もちろんビジネスプランやその前提となる目的（パーパス）が必要だ。そうして考えてみれば、コミュニティ変革時に考えなければいけないＡＧＩＬ理論の各要素と似通ってくる。

コミュニティが強制型から選択型に変わろうとするとき、特に現在の私たちが直面するようにメンバーシップ型の組織から脱却しようとするとき、目的（パーパス）を前提として、どのような組織風土を構築し（「パターンの維持」）、そのためにどのようなガバナンスを設計（「統合」）し、どのような行動を生み出し（「目標達成」）、成果を出さなければいけない（「適応」）かということを示した。私たちが一からビジネスモデルを立ち上げようとするときも、組織の変革のステップと同様の手順をとることになる。

何のためのビジネスなのか。その実現のためにはどんな組織が必要なのか。一人一人がどんな行動をとり、どんな成果を実現するのか。起業家が得てして忘れがちだが、どんなビジネスも人が動いて初めて成立する。マーケットマッチを促すプラットフォームビジネスであったとしても、エンジニアが必要だ。新しいビジネスはビジネスモデルだけで成立するものではない。そこに参画している個々人による組織によって成立する。

脱メンバーシップ型の社会において、私たち自身の選択によって獲得できるコミュニティ、ネットワークを生かしていくためには、自分が中心となったコミュニティおよびネットワーク形成を考えていかなくてはならない。

コミュニティを動かす側の人の「孤独」を知るということ

強制的なコミュニティに所属する割合を減らし、選択できるコミュニティに所属し始めたのち、特に自分が中心になって活動し始めて強く感じることがある。

それは強烈な孤独だ。誰ともわかり合えず、誰にも理解されない、という感情と向き合うべきタイミングがやってくる。

なぜそうなるかといえば、情報が一方通行になりやすくなるからだ。

先ほどの図でいえば、既存ビジネスへの適用を考えているネットワークの初期段階でつながっている人の数は少数だ。そしてそれぞれの人も適度につながりを持っているので、所有している情報量に差はない。

しかし複数のネットワークを橋渡しする状態になると、中心的な結節点に集まる情報は飛躍的に増加する。そうなると、一方のネットワークで入手した情報を他のネットワークに伝えるだけで、情報を提供する量が増加することになる。つまり自分だけが他の人よりも多くの情報を持っていて、その情報を発信するだけで価値を生み出せる状態が作り上げられる。

この状態を優位性として感じる人もいるが、すでに孤独は始まっている。同じような状況を共有できないことは、人にとって意外なほどにつらいことなのだ。

さらにその先、新規ビジネスを構築する段階になると、情報のやりとりだけではなく、自らがそれらをもとに組織を作り上げ成果につなげていくことになる。そのような状況を共有できるのは、同じ経験をしている人たちだけだ。それは、まさしく経営者の悩みであり孤独でもある。どれだけつながる人が増えようとも、経営者同士の方がわかり合いやすくなってしまうのはそのためだ。

明確な行動規範を作ってコミュニティを動かす

しかし、自らが築き上げたコミュニティやネットワークが、自分自身を孤独にしてしまう状況を改善する方法はある。

それはコミュニティやネットワーク内に明確な行動規範を定めることと、その前提として互いに信頼関係を構築すること。あともう一点可能なら、仮に信頼関係を裏切った場合に罰則を科する予告をしておくことだ。

それらをはっきり示すことが、コミュニティやネットワークの価値をより具体的に高めるきっかけにもなる。またそのような行動そのものがリーダーシップとして、中心的な結節点にいる人々の価値を高めてもいくのだ。

実はこれらの前提は、コミュニティやネットワークを社会関係資本化していく際に求められることでもある。[21] 規範（norm）、個人間の信頼（trust）、社会的ネットワーク（social networks）によって経済は機能するようになる。

強制型から選択型にコミュニティが移行する中で、私たちはコミュニティそのものを形成しやすい環境を手に入れた。リアルなつながりと、リモートでのつながりを併用しながら、ネットワークを作り上げることができる。その状況をうまく活用していこう。

21　ジェームズ・S・コールマン「人的資本の形成における社会関係資本」

脱メンバーシップ時代のライフスタイル

テレワークで変わった「職住近接」の価値

テレワークが進んだことで、住む場所についての考え方が大きく変わった。私自身も5年前に上梓した本の中で「出世を目指すなら通勤時間は無駄でありリスク」[22]だと記した。そして実際に、2時間以上の通勤時間をかける人は減少し、30分以下の通勤時間の人の割合が増えているという統計も示した。

通勤時間を減らすため、東京に会社がある場合にはたとえば成増や赤羽などの北部に住むことを勧めたこと[23]もある。その際には、住居の面積を節約することも併記した。

しかし、これらは職場に出勤することが前提の話だ。これからは昔話として笑いの種になるかもしれない。全社員を完全にテレワーク対応にできる会社は多くはないが、週に数日のテレワークを可能にする会社は増えている。またそれに合わせて、通勤手当を廃止して、テレワーク手当を支給する会社も出始めている。

さらに、会社側が住所を変える場合もある。今までは全員出社した場合に座れるだけの席を確保していたが、今後はその必要性はなくなる、と判断した会社だ。特にＩＴ系ベンチャー企業にその傾向は強く、今後の物件の空室率が高まってゆくという予測もある。会社によるが、必ずしも職住近接を考えなくてもよい時代になりつつある。

特にテレワーク環境で多くの人のストレスになったのが、在宅で働く場所の広さと音の問題だ。コクヨによれば、オフィスにおける1人あたりの適正面積は8・55㎡だという。部屋の広さ的にはおよそ5畳程度だ。ただしこの面積には共有部分も入っているので、実際にはもっと少なく考えてもいいだろう。コクヨが示すデスクエリア構成比60％だとして、仕事に必要な面積は約3畳。しかし自宅にそれだけのフリースペースを持っている人は決して多くはない。一人暮らし住居の平均面積が25㎡だとすれば居室はおよそ7畳程度だからだ。そ

22　平康慶浩『出世する人は一次会だけ参加します　会社人生を決める7つの選択』日経プレミアシリーズ
23　平康慶浩「お金をかけずに家を職場に近づける裏ワザ」ＰＲＥＳＩＤＥＮＴ　２０１７年２月13日号

のうち3畳を仕事机で占めることは難しい。3〜4人程度の家族であれば、リビングやダイニングの机で仕事をすることでしのぐことはできるだろう。しかしそれでも夫婦2人だと、どちらかがテレビ会議をしている際にもう一人はずいぶんおとなしくする必要があるだろう。

テレワークを取り入れる会社では、これまでの常識とは対照的に、多少通勤時間が長くなったとしても、これまでより広い部屋を選択することが望ましい。居住者1人あたりで3㎡が目安になる。単身でこれまでが25㎡であれば28㎡、3人家族で65㎡であれば74㎡以上を選択するなどだ。

通信を含めたOA環境をどう整備するか

また、テレワークでボトルネックになりやすいのが、通信環境だ。個人でスマートフォンを使って動画を見る程度の通信量であれば、マンション据え付け型の低価格の回線契約でも問題なかっただろう。ルーターにしても携帯電話会社が無償配布しているものを使っていても十分だった。

しかしテレワークによる動画を含めた通信を同時に複数回線行うとなると話が違う。単身であったとしても、家でPCを開いてWiFiにつなげた際には、携帯からWiFiへの接続を外さないと通信速度が遅くなることもある。家族で複数のテレビ会議をする状況だと、まずまともな通信速度が保てない。

となると、住んでいる場所の基本的な通信契約状況を確認したうえで、複数家族でテレワークするようなら、少なくともルーターを上位機種に買い替えた方が無難だ。

PCなどOA機器については、最近のセキュリティ問題上、自前のモノを使うことは減っているだろう。しかしその場合、CPU速度やグラフィックボードの性能が問題になりやすい。エクセルやワードを使うだけであれば、それほどの性能は不要だったから、型遅れの製品でも十分使えたからだ。けれどもテレワークだと、動画を見た場合の通信速度に加えて、処理速度が間に合わなくなることだってある。セキュリティを極度に重視している会社では、ノートパソコンならたいていついているはずのカメラ機能やマイク機能まで排除したノートPCを配布している場合すらあった。オフィスで仕事をするのならそれでも問題なかったが、テレワークには使えない状況だ。

これらは、会社として対応しない限りどうしようもないことが多い。会社によっては、テレワーク環境整備の補助金として数万円を支給している場合もある。テレワークが当たり前になっていくようであれば、会社にかけあってみるべきだろう。

心身の健康問題にどう向き合うか

テレワークが進んだ環境で、心身両面での健康問題がクローズアップされている。どのアンケートを見ても「運動不足」「気が滅入る」などの否定的な回答がされている。毎日の通勤は、軽い運動にもなったし、移り変わる風景を眺めることが心理的な癒やしにもなっていた、という気づきもあった。

衛生面の改善は、マスクの常態化やアルコール消毒などにより、極端に進んでいる。コロナの流行が収まるとともにゆるやかに戻る可能性は高いが、完全に元通りになることはないだろう。実際にインフルエンザの感染者数が2020年9月第1週限定ではあるものの、前年対比で3桁少ない状況を踏まえると、同様の取り組みを求める傾向が続く可能性はある。

また、喫煙に対する風向きはさらに厳しくなるだろう。大阪の清涼飲料メーカーが、テレワーク中であっても就業時間内であれば喫煙禁止とした例もある。

精神面でのフォローも重要視されている。2019年4月から進んでいる働き方改革関連法案には「産業医・産業保健機能の強化」も含まれている。そこには健康相談体制の整備や長時間残業者への時間指導や面接も義務化されている。テレワークが進むと、産業医面談についてもリモートで行う例が増えてくるだろう。自社でそのような環境が整備された際には、早めに活用することを心掛けてほしい。

貯蓄の重要性はさらに増してゆく

メンバーシップ型から脱却していくということは、私たちのキャリアに、次のようなキャリアの選択肢がクローズアップされるということでもある。

●今まで以上に転職によるキャリアアップを目指す選択肢
●副業や完全フリーランスなどの個人事業主として活躍する選択肢
●学びなおしや社会貢献などを一時的にでも選ぶ選択肢

そのような選択肢が自由度を高め、今まで以上に働きやすく活躍しやすいキャリアを与えてくれることは想像に難くない。しかしその一方で、リスクが高まることも想定しておかなければいけない。メンバーシップ型の会社から外に出たり、フリーランスを選択したり、学びなおしのために一時的に職から離れる選択をしたりするということは、ライフイベントにおけるリスクを自分で負わなければいけなくなる、という側面を持っているからだ。

選択肢が転職であれば、今どきはほとんどの会社が社会保険完備のため、今いる会社と大きく変わらない支援を受けられるだろう。仮に超優良大企業から中堅企業やベンチャー企業に転職したとすればそれらの過度の支援はなくなる場合があるが、法律で定められた最低限の支援は存在する。

しかし完全フリーランス化したり職から離れたりした際には、環境変化によるリスクは自分で負わなくてはならない。だから有事に備えるための貯金、引退後のための資産運用をしっかりしなくてはならなくなる。会社に勤務している状況だと休職時に給付金を受け取れる場合もあるが、フリーランスにはそれらの制度は不十分だ。

とはいえ、貯蓄がしっかりできた後でしか新しいキャリアを選択できないとするのは時代の特性をしっかり生かせず、寂しい気もする。その場合には先にフローとしてのキャッシュを獲得する状態を作っておく、という方法が有効だ。

転職活動は在職中に行い、無職の期間を極力減らしておくことは基本だろう。

フリーランスになるのなら、在職中に副業として一定以上の売上を確保し、さらに独立後にも売上を担保できるような契約をしっかりとしておくことだ。

学びなおしなどのために完全に職を離れる際にはどうしても貯金が必要だが、家族がいる場合には、了承を得たうえで支えてもらえるようにしている例もある。

実際にキャリアチェンジに成功している人たちに聞いてみても、裸一貫で飛び込んでなんともなかったというのはせいぜい20代までだ。それよりも上の年齢になると、ある程度の準備をしてからキャリアを移動させている。

身近な「自分とは違う生き方」を理解することが、まず第一歩

脱メンバーシップ型の時代は、ライフスタイルを多様にしていく。

かつて人々の多くが20代半ばで結婚し、子どもを2人産み育て、男性は正社員として定年まで働き、女性は専業主婦として男性を支えながら、子育てが一段落すればパートタイマー

として働くことが当たり前の時代があった。それが幸せだと信じられてきた。しかし今では結婚しなくても幸せになれる時代だ。結婚したとしても、子どもを産むか産まないかの選択肢もある。

会社との関わり方においても、会社のことを一番に考える人もいれば、プライベートを一番に考える人もいる。

住む場所を趣味で選ぶ人もいれば、便利さで選ぶ人もいれば、投資目的で選ぶ人もいるだろう。

余暇をみんなでにぎやかに過ごすことを好む人もいれば、一人で静かに過ごすことを好む人もいる。

多様になったということは、選択できるようになったということだ。人と違う選択をしてもそのことを恥ずかしく思ったり、後ろめたく思ったりする必要がなくなっている。

だからこの本の最後で私が伝えたいのは、自分と違う意見を持った人たちの話にうなずいてみることの価値だ。そのためにあえてメンバーシップ型という雇用・働き方に対する対義語として職務（ジョブ）型を単純に示すのではなく、「脱」メンバーシップ型として、職務

（ジョブ）型を選択肢の一つとした。実際の多くの会社における変革の現場では、メンバーシップと職務とのハイブリッドという選択肢もあるし、反対にメンバーシップを改める選択肢をとっている場合もある。

「人材多様化に対応するスキル」の項でも記したように、多様化に伴い相互に認め合うことが必ずしも必要だとは考えていない。より大切なことは、違いを前提として、次のあり方をどう作っていくかだと考えている。

過去は尊重されるべきだが、あえて尊重すると言わずとも残るものはある。大事なことは未来にあり、そのために作り上げるべき新しいものがある。

だから身近なライフスタイルの違いを知ることは、新しい多様化の方向性を知るためのわかりやすい方法だ。

たとえばあなたが男性で、男性中心社会が当然だと思うことは自由だが、もし子どもを授かる機会があれば定期的な乳幼児健診に行ってみてほしい。そこにどんな人が来ていて、どんな話をしているのかを肌で感じてみてほしい。

あなたが若い人だとして、高齢層に対してどんな思いを持ったとしても構わない。けれども、たとえば親族の集まりで祖父母に話しかけてみて、昔のことを聞いてみてほしい。異なる考え方や行動を知ってほしい。

反対にあなたが高齢者だとして、若い人たちに丁寧語で接してみてほしい。仕事に対する考え方や趣味、余暇の過ごし方を聞いてみて、うなずいてみてほしい。

コロナショックはきっかけにすぎず、元から進んでいたデジタルトランスフォーメーションと多様化の流れを不可逆にものにした。その先の新しい社会は、過去の延長線上にはあるが、その姿をまだ誰も知らない。だからこそ私たちが作り出すことができる未来だ。年齢、性別、雇用形態などを問わず、私たち一人一人が参画して、より良い未来を作り出していこう。

参考文献（発行年順）

エズラ・F・ヴォーゲル（1979）『ジャパンアズナンバーワン』（広中和歌子、木本彰子訳）TBSブリタニカ
落合恵美子（1994）『21世紀家族へ　家族の戦後体制の見かた・超えかた』有斐閣
マーク・S・グラノヴェター（1998）『転職　ネットワークとキャリアの研究』（渡辺深訳）ミネルヴァ書房
楠田丘（2004）『賃金とは何か』（石田光男監修）中央経済社
高橋伸夫（2004）『虚妄の成果主義　日本型年功制復活のススメ』日経BP
大橋勇雄、中村二朗（2004）『労働市場の経済学』有斐閣
マーク・S・グラノヴェター、ジェームズ・S・コールマン、ロナルド・S・バート他（2006）『リーディングスネットワーク論　家族・コミュニティ・社会関係資本』（野沢慎司編・監訳）勁草書房
孫田良平監修（2007）『賃金の本質と人事革新』三修社
P.B.ドーリンジャー・M・J・ピオレ（2007）『内部労働市場とマンパワー分析』（白木三秀監訳）早稲田大学出版部

笹島芳雄（2008）『最新アメリカの賃金・評価制度』日本経団連出版
濱口桂一郎（2009）『新しい労働社会　雇用システムの再構築へ』岩波書店
髙橋潔（2010）『人事評価の総合科学』白桃書房
平康慶浩（2012）『うっかり一生年収300万円の会社に入ってしまった君へ』東洋経済新報社
濱口桂一郎（2013）『若者と労働』中央公論新社
リチャード・フロリダ（2014）『新クリエイティブ資本論』（井口典夫訳）ダイヤモンド社
平康慶浩（2014）『7日で作る 新・人事考課』明日香出版社
平康慶浩（2014）『出世する人は人事評価を気にしない』日本経済新聞出版社
平康慶浩（2015）『出世する人は一次会だけ参加します』日本経済新聞出版社
道幸哲也、原田順子（2015）『多様なキャリアを考える』放送大学協会振興会
濱口桂一郎（2015）『働く女子の運命』文藝春秋
平康慶浩（2016）『逆転出世する人の意外な法則』プレジデント社
平康慶浩（2016）『マンガでわかる いまどきの『出世学』』日本経済新聞出版社
佐々木俊尚（2016）『そして、暮らしは共同体になる。』KTC中央出版
アルビン・E・ロス（2016）『フー・ゲッツ・ホワット　マッチメイキングとマーケットデザインの新しい経済学』（櫻井祐子訳）日本経済新聞出版社

クリストファー・ノーセル（2017）『弱いAIのデザイン　人工知能時代のインターフェース設計論』（武舎広幸、武舎るみ訳）ビー・エヌ・エヌ新社
労務行政研究所編（2017）『職務基準の人事制度』労務行政
ジョージ・ウェスターマン、ディディエ・ボネ、アンドリュー・マカフィー（2018）『デジタル・シフト戦略』（グロービス訳）ダイヤモンド社
平康慶浩（2018）『人生100年時代の『出世』のカラクリ』日本経済新聞出版社
ユルゲン・メフェルト、野中賢治（2018）『デジタルの未来』（小川敏子訳）日本経済新聞出版社
安藤寿康（2018）『なぜヒトは学ぶのか　教育を生物学的に考える』講談社
北野唯我（2018）『転職の思考法』ダイヤモンド社
柴田彰（2018）『エンゲージメント経営』日本能率協会マネジメントセンター
丹羽真理（2018）『パーパスマネジメント　社員の幸せを大切にする経営』クロスメディア・パブリッシング
チャールズ・A・オライリー、マイケル・L・タッシュマン（2019）『両利きの経営』（入山章栄監訳）東洋経済新報社
入山章栄（2019）『世界標準の経営理論』ダイヤモンド社
藤井保文、尾原和啓（2019）『アフターデジタル』日経BP

野口竜司（2019）『文系AI人材になる』東洋経済新報社
藤井保文（2020）『アフターデジタル2　UXと自由』日経BP
山中俊之（2020）『外国人にささる日本史12のツボ』朝日新聞出版
橋本健二（2020）『中流崩壊』朝日新聞出版
濱口桂一郎、海老原嗣生（2020）『働き方改革の世界史』筑摩書房
遠藤功（2020）『コロナ後に生き残る会社　食える仕事　稼げる働き方』東洋経済新報社
ジョナサン・ハスケル、スティアン・ウェストレイク（2020）『無形資産が経済を支配する』（山形浩生訳）東洋経済新報社
冨山和彦（2020）『コロナショック・サバイバル』文藝春秋
冨山和彦（2020）『コーポレート・トランスフォーメーション』文藝春秋
日経クロステック（2020）『見えてきた7つのメガトレンド　アフターコロナ』日経BP
日経クロストレンド、藤元健太郎（2020）『ニューノーマル時代のビジネス革命』日経BP

ＨＲカンファレンス２０２０秋（２０２０年11月17日開催の）のセミナー資料「メンバーシップ型からジョブ型への３つの変革ポイント」を無料でお送りさせていただきます。リアルタイムで進んでいる実例に基づき、日本企業における「ジョブ型人事制度のメリット・デメリット」「メンバーシップ型から移行する際の留意点」「移行後の運用時影響」などを説明しています。

送付形式はメールによるｐｄｆファイルです。

平康慶浩が経営する人事コンサルティングファーム、セレクションアンドバリエーション株式会社のホームページから「読者の方へ」をご選択いただき、お申込みください。

https://www.sele-vari.co.jp/contact.html

平康慶浩　ひらやす・よしひろ

人事コンサルタント。１９６９年大阪生まれ。早稲田大学大学院ファイナンス研究科ＭＢＡ取得。アクセンチュア、日本総合研究所を経て、２０１２年よりセレクションアンドバリエーション株式会社代表取締役就任。大企業から中小企業まで１８０社以上の人事評価制度に携わる現役コンサルタント。人事コンサルタント協会理事。グロービス経営大学院准教授。著書に、『出世する人は人事評価を気にしない』等。

日経プレミアシリーズ｜446

給《きゅう》与《よ》クライシス

二〇二〇年一一月九日　一刷

著者　平康慶浩
発行者　白石　賢
発行　日経ＢＰ
日本経済新聞出版本部
発売　日経ＢＰマーケティング
〒一〇五―八三〇八
東京都港区虎ノ門四―三―一二
装幀　ビーワークス
組版　マーリンクレイン
印刷・製本　凸版印刷株式会社

ISBN 978-4-532-26446-8　Printed in Japan

日経プレミアシリーズ265

出世する人は人事評価を気にしない

平康慶浩

仕事が速くて正確、率先して業績を上げる、周囲の信頼も篤い……人事考課で高い評価を得る人が、なぜ会社の中で冷や飯を食うことになるのか？　「使う側」と「使われる側」の壁を理解することで、組織におけるキャリアの本質は見えてくる。人事評価の本当の意味と昇進のしくみを紹介、会社員のキャリアの築き方を指南する。

日経プレミアシリーズ295

出世する人は一次会だけ参加します

平康慶浩

飲み会に参加するか断るか、転勤に応じるか家庭を優先させるか、人事面談で成果をアピールするか否か——「出世する人の選択」には、それぞれの企業タイプに応じた、ある法則性があった！　人事のプロフェッショナルが、働き方のルールが変わるこれからの時代を踏まえ、すべての会社員にキャリアの築き方をアドバイスする。

日経プレミアシリーズ386

人生100年時代の「出世」のカラクリ

平康慶浩

人生100年と言われる今、日本人の働き方が、卒業→就職→引退という「3ステップ型」から「マルチステージ型」へ大きく変わろうとしている。転職、学び直し、副業、独立などさまざまな道が広がる社会で、私たちはどう選択すべきか。今の会社で人材価値を高める方法、ベストな転職のタイミング、上司や部下との関係の築き方など、人事コンサルタントが「働き方」と「出世」のヒントを示す。

日経プレミアシリーズ 300

いらない課長、すごい課長

新井健一

職場の価値観が多様化する今、リストラ対象になる「いらない課長」と、人材価値の高い「プロフェッショナル課長」の差が歴然とつきはじめている。数々の事例を知る人事コンサルタントが、コミュニケーション術、リーダーシップ術、会計知識など多方向から、30～40代の武器となる「課長スキル」を磨く具体的手法を授ける。

日経プレミアシリーズ 338

いらない部下、かわいい部下

新井健一

頭脳明晰で仕事ができる、太鼓持ちがうまい、機転抜群で空気が読める――こうした人材こそ、陰で「いらない部下」の烙印を押されているかもしれない？　職場のありかたが大きく変化するいまの時代に求められる「部下力」とはどのようなものか分析し、これからの働き方を見越した上司―部下関係の築き方について提案する。

日経プレミアシリーズ 407

働かない技術

新井健一

生産性の低い会議に、自社社長の〝ご接待〟、「売上のため」に部下と残業……こんなことをしている人材はもう生き残れない？　ビジネス環境が安定・安泰から遠ざかるＶＵＣＡの時代、いまこそ「働かない」ためのスキルを必死で磨かなくてはならない。残業が蔓延し生産性を上げられない職場のボトルネックを人事管理の歴史からひもとき、ビジネスパーソンが身につけるべき真の「働く技術」を考える。

日経プレミアシリーズ 443

さよならオフィス

島津 翔

オフィスの存在意義が揺らいでいる。働き方が新型コロナで一変し、「オフィス不要論」も飛び出した。ジョブ型って何？ 在宅勤務の労務管理どうしてる？ テレワークって続くの？ 専門記者が徹底取材。10の疑問に答えながら「働き方ニューノーマル」を解き明かす。さよならオフィス――。あなたはどこで働きますか？

日経プレミアシリーズ 430

データでわかる2030年 地球のすがた

夫馬賢治

頻発する異常気象。食卓から次々と消える魚。島国でも避けられない意外な水リスク。対応迫られる「現代奴隷」問題……データが示すのは、持続可能性に黄信号が灯っている地球の姿だ。先行する欧米の取り組みや企業・機関投資家の動きも含め、日本人が知らない世界のリアルを解説。

日経プレミアシリーズ 434

コロナショックと昭和おじさん社会

河合 薫

あっけなく失業する人々、途方にくれる自営業者、困窮するひとり親家庭、家をなくし彷徨う人、孤立する高齢者――コロナ感染拡大で起こった問題は、社会の中でたまっていたひずみが噴出したにすぎない。雇用や家族、人口構成のカタチが変わったにも関わらず昭和モデルをもとに動き続ける日本社会の問題点、そしてコロナ後に起こる大きな変化とは。「日経ビジネス電子版」人気連載を新書化。

日経プレミアシリーズ 425

ハーバードはなぜ日本の「基本」を大事にするのか

佐藤智恵

世界一「長寿企業」が多い日本には、企業が長く存続し、成長していくための知恵が蓄積されているという。イノベーションを起こし続ける仕組み、社会貢献を重んじる経営、人を大切にするリーダーシップ……。なぜ激動の時代の中で、ハーバードは日本企業がずっと大事にしてきた「基本」に注目しているのか。自らもMBAホルダーである著者がハーバードの白熱授業を徹底取材！

日経プレミアシリーズ 412

伸びる子どもは○○がすごい

榎本博明

我慢することができない、すぐ感情的になる、優先順位が決められない、主張だけは強い……。今の新人に抱く違和感。そのルーツは子ども時代の過ごし方にあった。いま注目される「非認知能力」を取り上げ、想像力の豊かな心の折れない子を育てるためのヒントを示す一冊。

日経プレミアシリーズ 438

地形と日本人

金田章裕

私たちは、自然の地形を生かし、改変しながら暮らしてきた。近年頻発する自然災害は、単に地球温暖化や異常気象だけでは説明できない。防災・減災の観点からも、日本人の土地とのつき合い方に学ぶ必要がある。歴史地理学者が、知られざるエピソードとともに紹介する、大災害時代の教養書。

日経プレミアシリーズ442

肺炎を正しく恐れる

大谷義夫

新型コロナウイルスは社会の姿を一変させた。この状況で重要なのは、この感染症を正しく理解し、正しく恐れること。新型コロナの肺炎は、これまでとは何が違うのか。なぜ一気に悪化するのか。家庭内感染を防ぐには？　ワクチン・治療薬は？　最前線で闘う呼吸器内科医が解説する。

日経プレミアシリーズ433

コロナクライシス

滝田洋一

新型コロナウイルスの大流行は、グローバル化した世界をずたずたに引き裂いた。「対岸の火事」と慢心していた欧米諸国、隠蔽と強権、「マスク外交」の中国、政府の危機管理と国民の忍耐力が試されている日本——。日経編集委員・WBSキャスターによる緊急レポート。

日経プレミアシリーズ435

遊遊漢字学 中国には「鰯」がない

阿辻哲次

中国から受容した漢字から、ひらがなとカタカナを作り、それらをまじえて表記してきた日本の書き言葉。日本における漢字は表意文字である特性から独自の変化を遂げてきた。ふだん何気なく使っている文字や四字熟語から、漢字という便利な道具の奥深さが見えてくる。